プロはこうやって儲ける!

ビットコイン相場の読み方

株式会社フィスコデジタルアセットグループ 代表取締役
田代昌之

実業之日本社

はじめに

フィスコデジタルアセットグループ代表の田代昌之と申します。

私はフィスコで株式、為替アナリストを手掛けていましたが、仮想通貨の値動きに魅了され、２０１７年よりビットコインアナリストとして、メディアなどでビットコイン投資や市場動向に関する話をしています。

２０１７年は「仮想通貨元年」と評されるなど、仮想通貨市場が賑わいを見せました。２０１７年を振り返ると、1月から中国の規制、4月の改正資金決済法の施行、5月の急騰後の急落、夏場の分岐騒動、ＩＣＯ（新規仮想通貨公開ブーム）、ＣＭＥ（シカゴ・マーカンタイル取引所）、ＣＢＯＥ（シカゴ・オプション取引所）でのビットコイン先物上場、そして、誰もが驚く急上昇と話題に事欠かない1年でした。

本書では右記の事柄についてもご説明しますが、こうした出来事を読み解き、ビットコイン投資にどうつなげていくかまで考察していきます。

２０１８年も引き続き仮想通貨市場は人々の関心を集めていくことでしょう。値動きの大きさに関心が向かうからです。私も日々、メディアの方々から値動きに関するコメントを求められています。株式や為替市場で年に数回しか見たことがない変化率が、仮想通貨市場では日々発生していますので。今しばらくは「投資」の側面に注目が集中すると考えています。

そして、２０１８年は引き続き投資家が仮想通貨投資に魅了される一方、仮想通貨を利用した金融サービスが一気に進むと想定しています。法的にも、税制、会計制度といったインフラ構築も徐々に進化していくでしょう。私は法定通貨で展開できるサービスは仮想通貨でもできる時代がくると信じています。さすがに２０１８年にすべて可能となるとは考えていませんが、そう遠くない未来、仮想通貨の存在価値は今とは比較にならないほど高まっていることでしょう。

こうした想定のもと、我々フィスコデジタルアセットグループで運営するフィスコ仮想通貨取引所で個人投資家に確かなセキュリティ面をアピールするほか、自己勘定での投資で運用技術を磨き、新しい金融サービスの開発も加速させてまいります。

本書は運用法など「投資」にスポットを当てていますが、「貨幣の歴史」や「税制」など幅広い視点で仮想通貨を分析しています。本書が皆様の投資に役立つことを祈念しております。

フィスコデジタルアセットグループ 代表取締役
ビットコインアナリスト 田代昌之

プロはこうやって儲《もう》ける！　ビットコイン相場《そうば》の読《よ》み方《かた》

目次

はじめに　2

第1章　仮想通貨は本当に〝通貨〟なのか？

❶ヤップ島の石貨〝フェイ〟から〝通貨とは何か〟を考える……14
仮想通貨は紙幣や硬貨がないのに、お金といえるのか……14
誰も見たことがなくても、価値があるヤップ島の石貨〝フェイ〟……15
物々交換から〝貨幣〟が誕生したという常識は間違っている……18
ヤップ島では、物々交換ではない高度な貨幣経済が発達していた……21

❷ 仮想通貨は信用できる「通貨」といえる存在なのか？ …… 25
ＪＰモルガン・チェースＣＥＯのビットコインを否定する発言 …… 25
仮想通貨は通貨としての条件が揃っている …… 26
法定通貨は国が保証しているからといって安心ではない …… 28
法定通貨よりビットコインのほうが不正がない!? …… 29
現実の状況が仮想通貨の将来性を示唆している …… 30
コラム① ２０１８年、エストニアは「デジタル国家」を目指す …… 32

第２章 合理的なビットコイン価格へのアプローチ

❶ 仮想通貨の価格を変動させる要因とは？ …… 36
仮想通貨はバブルではない！ …… 36

仮想通貨の発行枚数の有限性と半減期を理解する……37
ビットコインの価格変動要因①金融危機……38
2017年夏のビットコイン分岐騒動はなんだったのか？……38
ビットコインの価格変動要因②各国の規制……40

❷ 仮想通貨の市場規模はまだまだ拡大する……44

仮想通貨の市場規模はどこまで拡大するのか？……44
新たな金融商品の登場で資金流入は加速する……45
ビットコインは「金ゴールド」と同じ有限性が特徴……49

❸ 2020年にビットコインは8500万円に到達する！……53

合理的なアプローチでの2018年のターゲットは？……53
ビットコインが一時的に40％下落することもある……57

コラム② 度重なるサイバー攻撃で取引所のセキュリティ面に注目……59
コラム③ フィスコデジタルアセットグループ代表・田代昌之氏の2018年仮想通貨びっくり10大ニュース……61

第3章　プロが教える中長期、短期の投資手法

❶中長期の仮想通貨投資法「バイ・アンド・ホールド」…… 72
投資法は「中長期」と「短期」で変わってくる…… 72
米国の有名投資家が実践する「1％投資法」…… 73
右肩上がりの相場状況なら「バイ・アンド・ホールド」が正解…… 75
2108年も仮想通貨価格の大幅な上昇は期待できる…… 79
ICOはハイリスク・ハイリターン…… 80

❷短期的には乱高下が続く可能性が高い！
「短期投資」で勝つプロの考え方…… 81
仮想通貨相場の動向を把握して短期投資を考える…… 81
仮想通貨相場の動向を把握するのに便利な「ボリンジャーバンド」…… 85
ボラティリティが大きい仮想通貨投資では「±3σ」が重要…… 89
短期的な乱高下時に有効な「台形型の買い指し」…… 91

コラム④　２０１８年は国産仮想通貨が続々と誕生!?……95

第４章　知っておきたい仮想通貨の法制と税制

❶ ２０１７年４月に施行された「改正資金決済法」とは？……100
改正資金決済法の施行で仮想通貨は国のお墨付きを得た……100
❷ 仮想通貨取引で利益が出た場合の「税金」……106
ビットコインの取引で生じる損益は「雑所得」に分類される……106
仮想通貨取引で得た利益に対する税金の計算方法……110
どうやって税金を支払うのか？……113
仮想通貨は日本会計制度上、どう処理されるのか？……116
コラム⑤　仮想通貨で納税可能な時代はくるのか？……119

第5章　値上がりが期待できる仮想通貨カタログ

❶ビットコイン以外にもまだまだある魅力的な仮想通貨……122
約1400種類の仮想通貨から32通貨を紹介……122
ビットコイン　124／イーサリアム　125／ビットコインキャッシュ　126
リップル　127／ライトコイン　128／ネム　129
ダッシュ　130／モネロ　131／アイオータ　132
イーサリアムクラシック　133／オミセゴー　134／ネオ　135
ビットコネクト　136／キュータム　137／リスク　138
ストラティス　139／ジーキャッシュ　140／テザー　141
ウェーブズ　142／エイチシェア　143／アーク　144
ビットシェアズ　145／バイトコイン　146／スティーム　147
スティーラー　148／テンエックス　149／メイドセーフコイン　150
イオス　151／オーガー　152／ゴレム　153

モナコイン　154／ファクトム　155

❷ **ホワイトリストとフィスコグループ発行の3トークン ……………… 156**

今後、市場の関心が高まりそうなフィスコグループ発行の3トークン…… 156

おわりに　158

第 1 章

仮想通貨は本当に〝通貨〟なのか？

1 ヤップ島の石貨〝フェイ〟から〝通貨とは何か〟を考える

◆仮想通貨は紙幣や硬貨がないのに、お金といえるのか

新しく誕生したビットコインをはじめとする仮想通貨は、紙幣や硬貨など実体がなく、かつ国家や中央銀行が管理しないという従来の枠組みとは異なる通貨です。

私たちはこれまで紙幣や硬貨こそお金だと思ってきました。そこに紙幣も硬貨もない、デジタルデータだけの仮想通貨が現れたのですから、混乱するのは当然です。それは従来の固定観念を覆すものなのですから、本能的に拒絶したくなるのは当然かもしれません。

そこで、本章では、ビットコインをはじめとする仮想通貨の取引について説明する前に、通貨の本質とは何かを考えながら、仮想通貨は通貨なのか？　信用に値するものなのか？　を考えていきます。

◆誰も見たことがなくても、価値があるヤップ島の石貨〝フェイ〟

その前に、意識せずに使っているお金の歴史を振り返り、ふだん、私たちが「お金」と言っているものが何なのかを改めて考えてきましょう。

太平洋に浮かぶ島国ミクロネシア連邦のヤップ島には、昔から石貨があったことで知られています。石貨とは文字どおり、石灰岩でできた貨幣のことで、現地では「フェイ」と呼ばれており、現在は島のいたるところに放置されています。

ヤップ島の石貨〝フェイ〟。大きいものは島に無造作に放置されている。

現在は、米ドルが使われているため、ヤップ島で日用品を買うためにフェイが用いられることはないそうですが、いまでも冠婚葬祭時に贈られる一種の儀礼的贈答品として使われているそうです。

その大きさは直径30センチメートルから4メートルほどあるものまでさまざまです。上の写真のように、フェイの真ん中には、穴が開いており、棒を通して運べるようになっています。

このフェイの価値は、大きさや重さだけでなく、その石貨一つひとつにあるストーリーなども踏まえて、所有する島民と受け取る島民の話し合いで価値が決められます。

ところが15ページの写真を見てもわかるように、最大4メートルもある巨大なフェイは、私たちが日常的に使っている硬貨のようには持ち歩くことはできません。それゆえ、写真のように庭や道ばたに無造作に放置されているのです。

ヤップ島には、たくさんのフェイが広場に置かれた「石貨銀行」もあるといいます。石貨はお金ですから、外に置くのは不用心な感じもしますが、そもそも重くて簡単には動かせませんし、島民は、それぞれのフェイの所有者を知っているため、誰も盗もうとはしないというのです。

さらに、驚くのは、その存在を誰も見たことがないフェイもあることです。

しかもそれがヤップ島最大のフェイだといわれています。ある家族が所有しているとされるこのフェイは、ヤップ島から約400キロメートルも離れたパラオ島で切り出して船で運ぶ途中に嵐に遭遇し、海底に沈んでしまったといわれています。それでも海に沈んだフェイは石貨としての役割を果たしています。

そのフェイの持ち主は島民に対して、「海に落としてしまったが、とても大きな素晴らしい石貨だった。あれだけ大きかったから、切り出すにも苦労した」とそのストーリーも踏まえてアピールにしたのでしょう。

その結果、島民たちは海に沈んだ石貨に対して価値があることを承認しました。

以来、そのフェイを見た島民はいませんが、今も海底に沈んでいるであろうフェイの所有権と、その価値を認めており、海底に沈んで見ることができない、もっといえば本当にあるかどうかもわからないフェイを所有しているというだけで、フェイを使って取引が可能になっています。

仮想通貨には、硬貨や紙幣のような実体がないので現物を見たことがある人はいません。それでも実際に買い物ができるようになっています。

フェイが石貨として成立するのは、その石自体に価値があるからではありません。ヤップ島の人々が石貨に対して価値を認めているからです。

同様に、デジタルデータであるビットコインなどの仮想通貨は、紙幣や硬貨といった実体がなく、その姿を誰も見ることはできませんが、〝所有している〟ことがわかれば、その価値は認められ、実店舗で商品の代金の支払いに使うことができるのです。

この点で、フェイと仮想通貨はよく似ているといえます。ここからわかるのは、〝石貨〟や〝仮想通貨〟は、そのモノ自体に価値があるのではなく、あくまでも何らかの価値を所有している根拠を示すツールであるということです。

◆物々交換から〝貨幣〟が誕生したという常識は間違っている

ところで、貨幣がなかった時代には、どのような経済が成立していたのでしょうか。多くの人は、貨幣がないのだから、物々交換が当たり前だったと考えるのではないでしょうか。

「大昔から物々交換が行われているが、それでは商品を交換するのに不便なので、商品の中から変質しにくい金属などが選ばれてマネーとなった」

いわゆる、「標準貨幣論」では、一般人のみならず、経済学者にもこのように信じられてきました。

しかし、それは本当なのでしょうか。じつは、物々交換から「貨幣」が誕生したという従来の考え方は「間違っている」というのが近年常識になりつつあります。

我々が信頼できる情報を持っている過去の、あるいは現在の経済制度で、貨幣を使わない市場交換という厳密な意味での物々交換が、量的に重要な方法であったり、最も有力な方法であっ

たりしたことは一度もない

米経済学者 ジョージ・ドルトン

物々交換から貨幣が生まれたという事例はもちろんのこと、純粋で単純な物々交換経済の事例さえ、どこにも記されていない。手に入れることができるすべての民族誌を見るかぎり、そうしたものはこれまでにひとつもない。

ケンブリッジ大学の人類学者
キャロライン・ハンフリー

このように、従来の常識を歴史的に確認しようと、多くの研究者たちが、その常識を説明できる証拠を見つけようとしましたが、じつは、研究者たちはこれまでに物々交換で取引をしている社会を歴史上、どの時代にも見つけることができていないのです。

その結果、21世紀初めには、物々交換から〝貨幣〟が誕生したという従来の通説は間違っていると考えるのが常識になっています。

標準的な貨幣論では、貨幣は〝モノ〟で、「交換の手段」とするために選ばれたモノである貨幣を媒介して財やサービスを交換してきたと考えられてきました。

過去をさかのぼると、ニューファンドランド島（現在のカナダ）では「タラの干物」、バージニアでは「タバコ」、西インド諸島では「砂糖」、スコットランドでは「釘」といったものが、「交換の手段」のために選ばれていたといいます。そして、その最たるものが、「金」や「銀」といった希少性が高い金属です。

ここで一つ疑問があります。

石貨〝フェイ〟は、タラの干物やタバコといったものと同じ性質を持つ交換手段として使われる〝モノ〟といえるのでしょうか。

たとえば、釘を物々交換の手段としていたスコットランドで、パンの実物と釘の実物を交換することはあったでしょう。しかし、ヤップ島で食べるための魚の実物と海に沈んだフェイを交換することができたとしても、海に沈んだフェイの実物を手元に持ってくることは不可能はわけですから、物々交換はできません。

これは貨幣が物々交換から生まれたと考えてきた人たちに一石を投じる大きな疑問です。

商品そのものが貨幣だったという見解は、最初は理にかなっているように見えるかもしれないが、最後には意味をなさなくなる。

米国人の資本家トーマス・スミス

少し考えると、日常必需品を貨幣として使うのは不可能であることがわかる。仮説から、交換の手段は共同体の誰もが受け取れるものでなければならない。そのため、漁師が必需品を買うときにタラで支払いをするのであれば、商人がタラを買うときもタラで支払いをしなければならなくなる。これはどう見ても馬鹿げている。

英国人の経済学者アルフレッド・ミッチェル・インネス

じつは、昔からこのように反証して、モノを貨幣として使うことに対して疑問を呈している人もいたのです。

◆ヤップ島では、物々交換ではない高度な貨幣経済が発達していた

実際、フェイが使われているヤップ島では、単純な物々交換が行われていたのではなく、もっと高度なやりとりが行われていました。

島民はヤシの実、ブタ、ナマコの取引から発生する債権と債務を帳簿につけ、債権と債務を

互いに相殺して、1日、1週間など決まった期間ごとに決済し、決済後に残った差額は繰り越されて、取引の相手が望めば、その価値に等しい通貨〝フェイ〟と交換していたのです。

つまり、〝フェイ〟は単純な物々交換をするためのモノではなく、「信用取引をして、通貨で決済するシステム」のうえで使用されるトークン（代用貨幣）だったということです。〝フェイ〟は債権と債務を清算するために必要な便利な道具（通貨）で、その背後には信用取引を記録し、決済記録の元帳としての機能を持っていることで、貨幣としての役割を果たしていたということです。

ここでは、「通貨」と「貨幣」という言葉を使い分けましたが、そのふたつの言葉の定義の違いを迷いなく答えられる人はそれほどいないはずです。

辞書『大辞泉』を引くと、次のように書かれています。

・貨幣……商品の価値尺度や交換手段として社会に流通し、またそれ自体が富として価値蓄蔵を図られるもの。鋳貨・紙幣のほかに、当座預金などの信用貨幣を含めていう場合が多い。

・通貨……流通手段・支払い手段として機能している貨幣。銀行券・補助貨幣などの現金通貨のほかに、預金通貨も含まれる。

一読してもその違いははっきりしません。多くの人は、その似た言葉の定義の違いを明確に意識することはないでしょう。ところが、「貨幣や通貨はなにか」を考え出すと、この基本的な問いに答えることはなかなか難しいことに気づきます。

定義を端的にすると、次のように整理できます。

・貨幣……信用の特殊な形
・通貨……紙幣や硬幣のこと。信用関係を基礎にして流通する代用通貨で、譲渡可能であり、流動性がある

つまり、貨幣とは信用取引をして、通貨で決済する「システム」であり、貨幣が貨幣として成立するには、信用取引を記録する「帳簿」があり、そして、不特定多数の人に譲渡できる「転々流通性」を持っていることが必要です。

たとえば、日常生活において、必要に応じてATMなどから紙幣などの通貨を引き出すことで、モノとの交換に使うことができますが、その大半は物理的な実体を伴って存在するのでは

なく、銀行口座などに数字の羅列として存在するだけです。その数字の羅列は、決済され、帳簿に記録され数字が増減します。

ヤップ島には、古くから信用取引というシステムを背後に持った通貨〝フェイ〟があり、〝フェイ〟は現代の通貨と同じ役割を果たしていましたが、誰も見たことがないフェイで債権と債務を決済できることからわかるように、通貨という実態がお金そのものなのではなく、信用取引をして、通貨という道具によって決済できるシステムこそがお金の本質ということです。

持ち歩くこともできない巨大な石貨は、一見、原始的な石のお金に思えますが、〝フェイ〟は、ヤップ島で高度な貨幣システムが構築されていたことの証しともいえるのです。

2 仮想通貨は信用できる「通貨」といえる存在なのか？

◆ＪＰモルガン・チェースＣＥＯのビットコインを否定する発言

依然、仮想通貨が信用できないという人が多くいることは確かです。

２０１７年9月、米金融大手ＪＰモルガン・チェースの最高経営責任者（ＣＥＯ）ジェイミー・ダイモン氏が、仮想通貨に関する発言を行ったときは大きな話題になりました。

ダイモン氏は投資家会議の席で次のように述べました。

「ビットコインは続いていかない。どこからともなく通貨を生み出せたり、それを購入する人が本当に賢いと思われているようなところでビジネスなどできない」

さらに同社のトレーダーが仮想通貨を取引したら、就業規則違反であるだけでなく、「間抜けで危険だから」という理由で、「即刻解雇する」とまで言ったのです。

金融業界で大きな影響力を持つ同氏の発言が報道されると、ビットコインは一時4％急落したほどです。

　ちなみに、ダイモン氏の発言後に同社がビットコイン先物の仲介を検討していると報道されました。しかも、ビットコインを大量に購入していることがわかっています。

　そして、年が明けた2018年1月には、同氏が一部メディアとのインタビューにおいて「あの発言を悔やんでいる。ブロックチェーンは本物だ」とコメントしたことが報道され、市場で話題となりました。仮想通貨の土台となるブロックチェーンについても「デジタルの円やドルを誕生させることが可能だ」と指摘したと伝わっています。

　ビットコインの利用者増加や先物取引の開始、株価指数連動型上場投資信託（ETF）の上場に向けた動きの広がりなどが今回の発言の背景にあると推測されます。しかし、短期間で評価を翻したことから過去の発言が、ポジショントーク（端的に表現すれば、意図的に自分に有利な方向に誘導しようとする発言）であった可能性も投資家としては認識しておく必要があります。

◆仮想通貨は通貨としての条件が揃っている

　金融のプロ中のプロが仮想通貨を否定したことで、その直後にビットコイン価格が下落したことは、ビットコインに対して、疑心暗鬼な人が少なくないことを示しているのかもしれません。でも、前述した貨幣、通貨の定義に照らしあわせると、その条件が完全にそろっていることがわかります。

仮想通貨の代表格であるビットコインは、ブロックチェーンという仕組みによって信用が担保されています。分散型台帳技術と呼ばれるブロックチェーンは、すべての取引記録をデータのブロックにチェーンのように連続して記録する、貨幣システムにおける帳簿の役割を果たしています。

その決済手段として、ビットコインという通貨があり、そのビットコインは不特定多数の人に譲渡できる転々流通性を持っています。

この基本的な構造は、ヤップ島の石貨〝フェイ〟が帳簿上でやりとりされていたころと何ら変わりありません。

フューチャリストでSF作家のアーサー・C・クラークは「十分に発達した科学技術は魔法と見分けがつかない」と言いました。ビットコインのような仮想通貨は、歴史から学んだ賢者が生み出した科学です。歴史に学べば、「仮想通貨は貨幣システムそのものである」と言い切れます。

つまり、通貨として必要な条件がそろっているのです。

◆法定通貨は国が保証しているからといって安心ではない

２０１４年に当時世界最大級のビットコイン取引所だった、東京・渋谷に本社を置くビットコイン取引所マウントゴックスが顧客の預かり資産である約75万ＢＴＣと自社保有分10万ＢＴＣ、さらに現金28億円が「盗まれた」と宣言し、破綻したことで、日本人にとってビットコインにネガティブなイメージが印象付けられることになりました。

しかし、この事件の本質はビットコインの安全性にあったのではなく、マウントゴックス社の社長による横領事件でした。銀行で行員が顧客のお金を横領した事件と本質的には同じだったのです。

従来の法定通貨は、国（中央銀行）が発行主体となり、中央集権的に管理しています。国が保証しているから安心と無自覚に思っているかもしれません。たしかに、日本では国が不正を働いて横領したり、国家が破綻するような切迫した緊張感はありません。

しかし、世界を見渡すと、アルゼンチンやギリシャで通貨危機が起こったこともあるように、国が保証しているといっても、歴史を振り返れば、絶対に安心とは言い切れない事例がたくさんあります。既存の金融システムにもリスクはあるということです。

現にギリシャやキプロスで金融危機が起こったとき、現金をビットコインに変える動きが起こったのは、新しい現実を示している現象といえるでしょう。

◆法定通貨よりビットコインのほうが不正がない!?

ビットコインは実体がないデジタル通貨で、その中身は、「オープンソース」という一般に公開されている、誰もが見ることができるプログラムです。

世界中の優秀なエンジニアが、そのプログラムを作っているわけですが、オープンソースのため、もしプログラムに不正があれば、誰かが気づき、その不正を取り除くことができる仕組みになっています。

たとえば、銀行のシステムの場合、その中身を一般に公開することなどあり得ません。セキュリティー上、問題があるからです。逆に内部に悪意を持つ人がいれば、不正を行える可能性が潜んでいるといえます。

ビットコインはすべてが公開されており、世界中の誰もがその中身を精査や監査ができる仕組みになっています。つまり、「仕組み自体には不正がない」と言い切れる、信用できるシステムといえるのです。

しかもビットコインは、公開された２００９年から毎日ほぼ10分ごとに発行され、４年～４年半ごとにその発行量が半減していき、最終的に２１００万ＢＴＣになったら、それ以上発行されないようにプログラムで決められています。

日本円や米ドルのように、国や中央銀行が発行量や流通量を決めて価値をコントロールしているわけではないという点でも、ビットコインは透明性が高いのです。

金融緩和によって市場にお金が供給されれば、同じ1万円札でも日本円というモノの量が増えるため、実質的には、その価値は落ちていると考えることができます。しかし、ビットコインは、ときの為政者による判断によって増やしたり、減らしたりできませんから、そのような心配もありません。

◆現実の状況が仮想通貨の将来性を示唆している

理解が難しいからこそ、ビットコインに対して、必要以上に嫌悪感に似た拒絶感を覚える人もいるかもしれません。

しかし、ここまで簡単に述べたように、ビットコインは貨幣システムにおける必要な条件を備えた「通貨」ということができ、すべてが「オープン」にされた極めて透明性が高い仕組みに基づいているのです。

「貨幣とは何か」「通貨とは何か」といった小難しい話や、「ブロックチェーンは何か」といった多くの人にとっては理解しがたい技術的な話を抜きにしても、ビットコインは２０１７年12月には一時、１ＢＴＣ＝２００万円を超えるまで価格が上昇し、時価総額は26兆円を超えています。世界中の人々が信用できないものに対し、法定通貨を投じて、仮想通貨に交換するわけがありません。

前述したＪＰモルガン・チェースのＣＥＯのような金融のプロ中のプロも、ビットコインを否定した裏で、自社はビットコインを買っている事実が判明しています。

もはや、信用できる、信用できないという議論をしているより、２１００万ＢＴＣと限られた数しかない、ビットコインの争奪戦が始まっているといっても過言ではありません。

次章では、みなさんが最も気になる、ビットコインは将来、いくらまで上昇する可能性があるのか、そのフェアバリューについて考えていきます。

コラム①

2018年、エストニアは「デジタル国家」を目指す

ヨーロッパ北東部に位置するエストニアは、人口134万人ほどの小国ですが、2018年注目の国家です。現在、エストニアは、テクノロジー先進国を目指しており、公的サービスの電子化を進めています。電子居住権（e-レジデンシー）という、外国人にインターネット上で自国民に準じた行政サービスを提供する制度などの取り組みを行っています。

こうした取り組みの一環として、エストニアでは以前から国家によるICO（イニシャル・コイン・オファリング、電子トークンを利用した資金調達方法の一種）の計画が発表されています。セールに出されるのは、エストコインと呼ばれるデジタル通貨です。国家によるICOに注目が集まるエストコインですが、そのビジョンの一部をエストニア政府の電子化担当であるカスパー・コージュス氏がブログで明らかにしています。そのなかで、デジタル通貨のさまざまな使い方や電子居住権との関係などについて言及しています。

一つめに挙げられているのは、エストコインを利用するコミュニティの形成と、コミュ

ニティ内での利用の活発化です。これは電子居住権を活用する人々による「デジタル国家」を作り出すというエストニアの狙いが背景にあります。エストコインの利用を拡げるために、エストコインの利用や決済導入を企業に促す報酬制度などを視野に置いているようです。また、ＩＣＯ活動の信頼性を高めるため、ＩＣＯへの参加にあたって電子居住権を使用するよう投資家や起業家に促すプランもあるようです。

二つめのビジョンは、政府発行のコインという信頼性を活かした取り組みです。書類へのデジタル署名や、サービスへのログイン、またオンライン上の契約履行など、ブロックチェーンを基盤とするトークンであるという利点を可能な限り活かし、デジタル上の取引の安全性向上に活用させるようです。

三つめに挙げられているのは、ユーロに固定されたトークンにするという点です。ただ、こちらに対しては非難の声もあがっています。欧州中央銀行（ＥＣＢ）のマリオ・ドラギ総裁は、2017年9月に、「どの加盟国も自国の通貨を作り出すことはできない」と述べ、ユーロ区域の通貨はユーロであると明言しています。

一方、コージュス氏は、「エストニアがユーロに代替通貨を提供することは決してない」としたうえで、「電子居住権コミュニティ内での制限を設けることができる」と指摘しています。

コージュス氏はさらに、「これまで世界中からの反応を注意深く観察してきた」と述べ、それによりエストコインをどのように組み立てていくかだけでなく、なぜ人々がエストコインを保持しようとしているのかについても理解を深めてきたとしています。中国、ロシアなど自国の仮想通貨を作成しようとする試みを明らかにする国が増えているなか、2018年、エストコインの行方が注目されます。

第2章

合理的なビットコイン価格へのアプローチ

1 仮想通貨の価格を変動させる要因とは？

この章では、ビットコインの価格を形成する要素、そして、合理的なビットコイン価格へのアプローチを整理していきたいと思います。

ビットコインは、投資尺度がなく適正価格を算出することが難しいとよく言われますが、仮想通貨市場の時価総額が将来どの水準まで拡大する余地があるのかを探っていきます。

◆仮想通貨はバブルではない！

２０１７年末から「仮想通貨はバブル」との声をよく聞きます。たしかに２０１７年に入り、ビットコイン価格は急騰し、１ＢＴＣ＝２００万円を超える水準に達しました。

しかし、結論から申し上げますが、本章でこれから述べる合理的なアプローチやフェアバリューなどを考慮すると、現在のビットコインの価格は「決してバブルではない」と考えます。そして、今後も価格上昇を続ける可能性が極めて高いのです。

◆仮想通貨の発行枚数の有限性と半減期を理解する

まずはビットコインの基本的な構造の確認です。

ビットコインの発行枚数は2100万BTCと決められており、発行量は約4年から4年半ごとに半減するようにプログラムされています。これまでにビットコインは2回の半減期を経て、発行量は発行当初から4分の1に減っています。

現在までの間に約1679万3687コイン（2018年1月10日現在）が発行されており、2140年頃までにすべてのコインが発行されることになっています。

需要が変わらないままで市場に新たに供給される量が減少すれば、モノの価格は上昇するため、半減期のタイミングでビットコインの価格は上がるといわれています。

ただ、ビットコインを投資対象とみるユーザが多いことから、半減期に向けて買いを入れた投資家が半減期を通過したタイミングで材料出尽くしと判断して売却し、利益を確定するという動きが前回の半減期（2016年7月）の際には見られました。

「噂で買って事実で売る」という投資格言が、ビットコインに当てはまる場合も往々にしてあるといえます。

◆ビットコインの価格変動要因①金融危機

このほか、ビットコインの価格変動に大きく影響を与える要素はいくつか存在します。その一例は通貨危機など、既存の通貨の信頼が著しく低下した局面です。

過去、ビットコインは2013年に発生したキプロス危機（2008年以降のサブプライムローンショックの影響で欧州債務危機が発生、キプロスがEU（欧州連合）に緊急融資を要請したことで生じた経済混乱）や、2016年に実施されたインドでの高額紙幣の廃止、そして、中国の人民元急騰などの経済情勢の混乱が追い風となって、ビットコイン市場に資金流入する場面が多く見られました。

ビットコインは発行や管理を担う管理者が存在せず、いずれかの国に属するものでもありません。それでも一定の流動性を保持していること、そして管理主体のリスクを有していないことなどが、通貨危機に瀕した国での需要が高まった理由と見られています。

◆2017年夏のビットコイン分岐騒動はなんだったのか？

そして、2017年の夏にはビットコインの知名度を一気に引き上げることとなった「分岐（フォーク）」騒動が勃発しました。「分岐」とは、ビットコインから新しいコインが誕生することを指すのですが、同年8月の「分岐」騒動の結果、ビットコインからビットコイン・キャッシュという新しい仮想通貨が誕生しました。その際、思惑的な売買が入ったことで、ビットコインの価格は乱高下となりました。

連日、メディアで「分岐」に関する話が伝わったことから、いい意味でも悪い意味でも仮想通貨の存在が知れ渡る一つのきっかけとなりました。

この分岐騒動は、今後のビットコイン運営に大きな影響を与えたと考えます。つまり、話し合いのなかで折り合いがつかなかった際、その提案を行った陣営が新たな仮想通貨を誕生させる選択肢ができたのです。実際、10月末にもビットコイン・ゴールドという新しい仮想通貨が、ビットコインから誕生しました。

このときのビットコインとビットコイン・キャッシュの「分岐」では、本体のビットコイン価格は分裂前にやや下落があったものの、分裂後には値上がりしました。ビットコイン・キャッシュは分裂後もビットコインの約10分の1程度の価格を維持している状態です。

ただ、ビットコイン・ゴールドについては、分岐後にも一定の取引が見込めるのか、ネットワークを維持できるのかなどは不透明で、安全性は担保されていません。株式分割とは異なり、「分岐」して手元にくる仮想通貨は「分岐」する前の仮想通貨とは別物です。「分岐」が頻繁に発生するような展開となれば、ビットコインの価格形成はより不透明となってしまう可能性があります。

◆ビットコインの価格変動要因②各国の規制

２０１７年に入り仮想通貨に対する各国の姿勢に注目が集まっています。とくに新たな資金調達手段として世界的な関心を集めているＩＣＯ（イニシャル・コイン・オファリング＝仮想通貨発行による資金調達手法）が最も注目されています。

２０１７年9月には、中国による一連の規制が、ビットコイン市場を大きく揺るがしました。

まずは、世界の金融当局による動きを整理しましょう。

9月8日に、中国の規制当局が仮想通貨取引所に対して人民元建ての仮想通貨取引サービスの停止を通知したことを受け、中国の大半の取引所が取引の停止を決定しました。実際に、9月30日には、大手取引所のＢＴＣＣ（ビットコイン・チャイナ）やViabtc（ヴィアビーティーシー）が実際に人民元建ての仮想通貨取引を終了しています。この他の中国の仮想通貨取引所や、Bitkan（ビットカン）などのビットコインのＯＴＣ取引（取引所を介さない相対取引）提供企業も取引を中断しています。

また、韓国金融委員会（ＦＳＣ）も、同国内におけるＩＣＯと、仮想通貨の証拠金取引を禁止することを発表しました。

そして、年明け２０１８年1月には、韓国法務部が仮想通貨取引所の全面的な閉鎖につながる法律の設定に向けて、本格的な議論を開始していると一部メディアが報じています。これに先立ち韓国の大手仮想通貨取引所であるBithumbとCoinoneが、脱税容疑で警察と税務当局による立ち入り検査を受けていたとも伝わっています。

韓国は過去にアジア通貨危機の際に外貨が枯渇し、ＩＭＦ（国際通貨基金）から救済を受けたという経緯があります。韓国銀行（中央銀行）が２０１７年12月に発表した11月末時点の外貨準備高の３８７２億５０００万ドル（約43兆７１６７億円）は過去最高水準ですが、２０１７年9月以降は減少している状態です。昨年より急激に仮想通貨の取引量が増加した同国が規制に踏み込む理由は、資本流出への懸念という側面も存在する可能性があります。

一方、シンガポールの銀行は、仮想通貨関連企業の口座を閉鎖する動きに出ています。各銀行による口座閉鎖の理由について詳細は明らかとなっていませんが、この動きが認められはじめたのは、シンガポールの中央銀行にあたるシンガポール金融管理局（ＭＡＳ）が、8月１日に仮想通貨と区別されるデジタル・トークンが有価証券として分類される可能性についてリリースを出した直後です。このことも、ＭＡＳのリリースが影響した可能性があります。

しかし、MASは、3月に銀行間決済に焦点を当てた分散型台帳の実証実験を完了させるなど、仮想通貨のテクノロジーに対して積極的な姿勢も見られます。

2016年にインフレ率が500%に達したベネズエラでは、生活のためにビットコインのマイニングを始める人が増加し、かつビットコイン決済を受け付ける店が急増しているようです。メキシコやアルゼンチン、チリ、コロンビアなどの南米諸国、南アフリカ、タンザニア、ケニア、ナイジェリアなどのアフリカ諸国でもビットコインの需要が急増しています。

自国の法定通貨への不安感が高まる場合にビットコインをリスク分散先の一つに選択する事例はこれまでにも確認されていますが、今後もこのような事態が発生する可能性はあります。

現実的に考えた場合、世界中のすべての国に対して仮想通貨取引所を違法とすることを強要することは難しいでしょう。

また、仮に世界の取引所をすべて閉鎖したとしても、ビットコインやほかの仮想通貨は個人間取引を行うことができます。パソコンやスマートフォンさえあれば、誰でも個人間で仮想通貨をやり取りできます。取引所がなくなれば、多額の取引を約定することは困難になるかもしれませんが、各個人間の取引をすべて規制することは非常に困難であると予想されます。

そもそも、ビットコインのネットワークは中央管理者が存在せず、マイニングという新規生成を行う計算作業に参加することで報酬を得る不特定の参加者が存在することによって成り立っています。これらの不特定の参加者がいなくならないかぎり、ビットコインのシステムが停止することはないと考えます。

現在、日本は伝統的な方式によるアジアの金融センターという立ち位置をシンガポールに譲る状態ですが、２０１７年４月の改正資金決済法などの法整備（第４章参照）や、仮想通貨や関連する新技術の市場整備を加速させてアジアの仮想通貨センターを目指すことは、新たな金融シーンにおける日本の存在感を示すうえでも重要であるといえるでしょう。

また日本にとって、こうした新たな市場に対する国際的に中心的な立場を担おうとする積極的な姿勢は、今後の日本の経常収支の赤字化を食い止めるうえでも重要となってくる可能性があります。

日本の国際収支は、経常収支は黒字を維持しているものの、今後貿易・サービス収支が赤字転換し、所得収支の黒字幅も縮小することから、経常収支が赤字へシフトしていくと予想されます。

各国の国際収支はその成熟度に合わせて段階的に変化してゆくという「国際収支の発展段階説」では、現状の「未成熟な債権国」から「成熟した債権国」の段階へと移行を見せています。

2 仮想通貨の市場規模はまだまだ拡大する

◆仮想通貨の市場規模はどこまで拡大するのか？

仮想通貨の市場規模は、流通している仮想通貨（１４００種類）をすべて合算しても、２０１７年12月20日現在、５９０９億ドル（約66兆円）ほどです。日本で最も時価総額が大きいトヨタ自動車の時価総額は約23・６兆円（２０１７年12月20日現在）ですので、トヨタ自動車の3倍弱の時価総額しかありません。

これだけ仮想通貨が世界中で話題となっていても、まだその程度の市場規模しかないのです。この規模を小さいと見るのか大きいと見るのか判断は難しいところですが、私は〝66兆円〟という時価総額は小さいとみています。

２０１７年に仮想通貨市場は「分岐」「規制」など、さまざまな事象を経て時価総額は拡大を続けましたが、早い段階で１００兆円もしくは1兆ドルの大台に乗せると考えています。そして、仮想通貨市場の拡大の中心はビットコインであると見ています。その背景として、次の二つの観点に注目しています。

・資金流入の可能性
・金と同じ有限性

以下、この二つの観点から今後のビットコインの市場規模を見ていきましょう。

◆新たな金融商品の登場で資金流入は加速する

アメリカではCBOE（シカゴ・オプション取引所）やCME（シカゴ・マーカンタイル取引所）グループで、2017年12月に相次いでビットコイン先物が上場しました。このほか、ビットコイン仲介業務への参入を検討する金融機関も出てきています。

また、ナスダックが、ビットコイン先物を2018年前半に上場させる計画であることも判明したほか、米証券会社のキャンター・フィッツジェラルドがビットコイン先物の仲介業務を行う方針であることを明らかにしています。

ビットコインに対する否定的な発言が目立っているジェイミー・ダイモン氏が率いるJPモルガン・チェースが、CMEのビットコイン先物を顧客に提供するかどうかを検討しているといった情報も出ています。
カナダやアメリカではビットコインＥＴＦ（上場投資信託）の組成が世界で初めて行われる可能性も浮上しています。北米を中心にビットコインをベースとしたさまざまな金融商品が誕生するかもしれません。

先物市場が誕生することで、どのような先行きが描けるでしょうか。
私は１９８８年に日経２２５先物の取引がスタートしたときのようなイメージを持っています。当時、バブル全盛で日本株は上昇局面真っ只中でした。そのようなときに大阪証券取引所（現在は大阪取引所）に、原資産を日経平均とする先物が上場したのです。
そもそも先物とは、次のように説明できます。

「デリバティブ（派生商品）の一つで、価格や数値が変動する有価証券や商品・指数等に関して、将来の売買についてある価格での取引を保証する」

あらかじめ定められた期日（満期日）に、特定の資産（ここでは日経平均株価）を、あらかじめ決められた価格で売買する契約を交わすのです。将来の価格変動リスクを回避するために実施（リスクヘッジ）の側面があるほか、適性価格を決めるための商品価格の調整機能などもあります。

しかし、市場では価格変動を利用して利益を享受する投資手段として先物を利用するケースが多々あります。１９８８年の日経２２５先物は、まさに投資手段の一つとして活発に商いがされました。

日経２２５先物と原資産である日経平均を利用した売買です。

先物と原資産は基本は同じ価格で取引をされますが、さまざまな要因で価格は異なるケースが多く、その開きも大きくなったり小さくなったりします。この動きに着目した取引が裁定取引（アービトラージ）です。大雑把に説明すると、高くなった日経２２５先物を売り、安くなった日経平均を買って、価格が収斂（ほぼ同じ価格）したタイミングで反対売買を実施するのです。

具体的な数値を用いて説明したほうがわかりやすいかもしれません。

たとえば、日経平均株価と日経２２５先物が次のような価格だったとします。

・日経平均株価　　　２万円（安い）

・日経２２５先物　　２万５００円（高い）

本来、先物とその原資産は大きな要因がないかぎりほぼ同じ価格で推移するはずです。つまり、この状況は「日経平均が安く、日経225先物が高い」といえます。

このとき次のようなポジションを組みます。

・日経平均株価　2万円（安い）→買い
・日経225先物　2万500円（高い）→売り

そして、価格差がなくなったタイミングでポジションを解消します。このとき価格差を微妙に調整することで利益を生み出すことが可能になります。

ほぼ同じ商品を同時に売り買いすることでリスクを抑えて、リターンを生み出すわけですが、たとえそのサヤが小さくても投資資金が大きくなるほど、そのリターンの絶対額は大きくなります。

1988年から1990年にかけては米証券会社などが中心となり日経平均と日経225先物の売買を行い、大きな利益を取りました。

私はこのときに行われていたことが、CBOEやCMEに上場するビットコイン先物とビットコインの間で行われるのではないかと考えています。参加する投資家が多くなれば多くなるほど、活発な裁定取引が繰り広げられることになり、その結果、売買が増加すれば、仮想通貨市場は大きくなるとの見方です。

アメリカ、カナダでビットコインETFが組成されるという噂がありますが、ETFはビットコインを直接保有するよりもリスクは抑えられますので、リスクを抑えた投資を好む投資家からの支持を集める可能性はあります。今後、**ビットコインに絡んだ金融商品が続々と誕生する可能性が高まっていることも、ビットコイン価格を押し上げる原動力になる**と考えています。

◆ビットコインは「金《ゴールド》」と同じ有限性が特徴

ビットコインは金《ゴールド》と似ているとよくいわれます。

それは、発行枚数が２１００万枚と限られている点、すなわちビットコインと金は有限性を持ち合わせていることです。

また、価値の交換手段として使用できる点も同じといえます。

戦争などが発生した際には「有事の金買い」というリスク回避の流れが強まるほか、日本銀行がマイナス金利導入を決定した際、銀行金利が全てマイナス金利に突入すると勘違いした投資家が金を購入するというニュースも伝わりました。

実際、金はドル建てのため、ドル相場に左右されがちですが、分散投資の一環として、長い間、株、債券とは異なる投資の対象として用いられてきました。

図2-1　金とビットコインの似ている点、異なる点

似ている点	異なる点
有限性 （金もビットコインも量は有限）	金は実物資産だが、 ビットコインに実体はない
価値の交換手段 （金とビットコインはどちらも 価値貯蔵機能がある）	金は装飾品としての用途がある
劣化しない （時間が経っても経年劣化しない）	ビットコインは送金できる

一方、金は権威の象徴として、時の権力者が勢力を誇示するために保有した背景もあります。装飾品として世界各国で紀元前から使われていましたが、ビットコインは実物資産ではありませんので、装飾品としての利用はできない点は金とは異なる点です。

実物資産および装飾品というポイントは大きく異なりますが、共通項が多いことを考慮すると、金市場に投資している投資家の資金の一部がビットコイン市場に流入する可能性は大いにあると考えるのが自然です。

長い歴史を有する金の時価総額は９００兆円（８〜９兆ドル）ですが、誕生して約10年のビットコインの時価総額は23・６兆円ほどと、金の２・５％程度にとどまっています。

２０１７年12月現在、金市場からビットコ

イン市場に資金が流出しているような動きは観測されていません。むしろ、為替や株取引を行っていた投資家の資金（リスクマネー）がビットコイン市場に流入していると考えています。つまり、金からビットコインへの資金シフトはまだ始まっておらず、今後、資金シフトが発生する可能性を秘めているというわけです。

ビットコインは２０１０年代には欧州債務危機や中国での人民元への信頼低下の局面で、資金が流入し時価総額が大きく拡大した背景があるので、金のような安全資産といった存在に成長する余地は十分にあります。

金に投資している投資家が一部をビットコインに振り返るような動きが今後強まれば、ビットコインは、「投資的な位置付け」と金のような「代替投資の対象」という二つの側面から資金流入すると考えられます。約９００兆円の時価総額を有する金市場から5％（約45兆円）でもビットコイン市場に流入すれば、ビットコイン市場の時価総額はそれだけで現在の3倍まで膨れ上がります。デリバティブ市場拡大に伴う資金流入と金市場からの資金シフトが発生したのであれば、ビットコインの時価総額が1兆ドル（約１１０兆円）を超えることも夢ではありません。

時価総額が現在の3倍ということは、ビットコインの価格は４～5万ドル（約４４０～

550万円）という計算になります。私は時価総額100兆円もしくは1兆ドルという水準は、2018年内にも達成するのではないかとみています。

先物市場がスタートしたことで、これまでビットコインに関心を示しながらもさまざまな制約で売買できなかった機関投資家が参戦できるようになりました。このような機関投資家には、金資産に投資をしている投資家も含まれるでしょう。ビットコインを「デジタル・ゴールド」と捉え、金と同じようなスタンスで投資をする機関投資家が現れてもおかしくはないと考えます。先物市場のスタートがきっかけとなり、金からビットコインへの資金シフトが始まるかもしれません。

3 2020年にビットコインは8500万円に到達する！

◆合理的なアプローチでの2018年のターゲットは？

最後に、フィスコが考え出したフェアバリューの概念も紹介したいと思います。

情報通信の世界には「メトカーフの法則」という有名な法則があります。これは「ネットワーク通信の価値は、接続されているシステムのユーザ数の二乗（n^2）に比例する」というもので、電話やインターネットなどネットワークの価値は繋がるモノが多ければ多いほど価値が加速度的に向上することを示しています。

電話を例に挙げると、世界で1人しか電話を持っていなければ、コミュニケーション手段としては無用の長物でまったく価値がありません。ところが2人になれば、「1対1」の繋がりしかありませんが、コミュニケーション手段としてその価値が生まれます。それが3人、4人、5人……と増えていけば、その価値はどんどん高くなっていきます。フェイスブックなどのSNSもそのサービスを利用する人が増えてこそ、その価値が生まれる点では同様です。

ビットコインを使う人が増えれば増えるほど、その価値はどんどん大きくなっていきます。そのネットワーク価値が膨れ上がることを「ユーザ数×ユーザ数（＝ユーザ数の2乗）」という公式で示したわけです。

フィスコではこの「メトカーフの法則」をベースにフェアバリューを計算しています。56ページの表では、ビットコインのユーザ数が２０１７年の平均増加ペースである年率70％増えると仮定した「Ｎｅｕｔｒａｌシナリオ」、２０１７年のやや下回る平均増加ペースである年率40％で増えると仮定した「Ｌｏｗｅｒシナリオ」、ユーザ数が急増した２０１７年９月〜11月の増加率である年率１００％が継続するとする「Ｕｐｐｅｒシナリオ」の三つのシナリオでビットコインのフェアバリューを予測していますが、ここでは「Ｕｐｐｅｒシナリオ」を見ていきましょう。

具体的には、ビットコインのアドレス数を用い、足元のユーザ数の加速を加味してビットコインのフェアバリューを計算すると、次のようになりました。

◎メトカーフの法則から導かれたビットコインのフェアバリュー予測

２０１８年　６万４２７３ドル（約７１９万円）

図2-2　メトカーフの法則とは?

**通信ネットワークに関する法則で、
ネットワーク通信の価値は、以下のように定義される。**

システムのユーザ数の二乗（n^2）に比例する

２０１９年　25万７０９２ドル（約２８７９万円）
２０２０年　１０２万８３６９万ドル（約１億１５１７万円）

ユーザ数、つまりビットコインを保有する人の数の増加が今後もハイペースで進むという不確実要因はありますが、２０１８年に１ＢＴＣが６万４２７３ドル（約７１９万円）まで上昇するのは、非現実的な水準ではないでしょう。

ビットコインをはじめとする仮想通貨の多くが急激に価格上昇するなか、その状態を「バブル」と表現されることが増えています。

しかし、**私は「バブルではない」と考えています。**仮想通貨は価格変動が大きいので、日々の値動きは注視する必要はありますが、金《ゴールド》との比較やここで算出したフェアバリューを考慮すると、「バブル」とまで言えるほどの過熱感は感じられないのです。

フィスコが算出するフェアバリューは、今後、リリースす

図2-3　メトカーフの法則から未来のビットコイン価格を予測する

2017年12月26日現在

	ユーザ数（個）	ビットコイン価格（米ドル、終値）
Lowerシナリオ（2017年平均増加ペースを下回る年率40%でユーザ数が伸びた場合）		
2018年	90万2,730	3万1,494ドル（約352万円）
2019年	126万3,822	6万1,728ドル（約691万円）
2020年	176万9,351	12万0,987ドル（約1,355万円）
Neutralシナリオ（2017年の勢いを継続して年率70%でユーザ数が伸びた場合）		
2018年	103万1,692	4万1,135ドル（約460万円）
2019年	165万0,707	10万5,305ドル（約1,179万円）
2020年	264万1,131	26万9581ドル（約3,019万円）
Upperシナリオ（年率100%でユーザ数が伸びた場合）		
2018年	128万9,615	4万6,240ドル（約719万円）
2019年	257万9,230	18万4,958ドル（約2,879万円）
2020年	515万8,459	102万8,369ドル（約1億1,517万円）

※1ドル＝112円で計算

るレポートなどでも逐一お伝えできればと考えています。

◆ビットコインが一時的に40％下落することもある

一方、底値に関しても触れておきます。

中長期的には右肩上がりの相場展開が続くと考えていますが、短期的な乱高下は頻繁に見られると考えます。乱高下はこれまで述べてきた「分岐」に対する思惑が剥落したタイミングや、「規制強化」のほか、「大規模なハッキング」などさまざまな要因が考えられます。こうしたネガティブな事象を材料にビットコインは下への動きを強める場面が見られることでしょう。

1BTC＝200万円水準からの下げでは4割下落した120万円近辺、1BTC＝250万円であれば、同様に4割下落した150万円といったように、直近高値から4割下落したあたりが底値ではないかと思います。

実際、4割の急落水準で下げ止まる場面は2017年中にも何度かあったからです。

【事例1】２０１７年9月2日～9月15日

高値56万５９３５円→安値31万円　　下落率45・２％

【事例２】２０１７年11月２日～11月12日
高値97万円→安値60万円　下落率38・１％

【事例３】２０１７年12月８日～12月10日
高値２５０万円→安値１４５万円　下落率42・０％

株式投資と異なり、ストップ安がないことから、価格が急落する局面では下方にオーバーシュートすることもあるでしょう。

ただ、こうした下げは一過性にとどまる可能性が高いと私は考えます。こうした急落相場では、ビットコインの存在が危ぶまれるような事態やブロックチェーン技術を揺るがすようなネガティブインパクトが発生しないかぎり、果敢に押し目買いをしていきたいところです。

そもそも現状では、価格が下落する要因よりも、上昇する要因のほうが多いため、たとえビットコイン価格が下落しても反発して、結果的に中長期的には右肩上がりの地合いが続くと想定しています。

コラム②
度重なるサイバー攻撃で取引所のセキュリティ面に注目

２０１８年、仮想通貨取引所のセキュリティにスポットが当たることでしょう。２０１７年12月末に飛び込んできたニュースの一つに、韓国の仮想通貨取引所ユービットの破産があります。同取引所は、北朝鮮が関与したとみられている1度目のハッキング攻撃（４月）で、約４０００ＢＴＣのビットコインを盗まれたようです。

そして、12月19日午前４時35分（現地時間）に今年2度目となるハッキング攻撃を受けて、総資産の17％相当を失ったと発表しました。損失額の詳細については明らかにしていませんが、全顧客の仮想通貨資産の評価額が75％に引き下げられると説明しています。韓国の仮想通貨市場におけるユービットの規模は比較的小さいものの、仮想通貨におけるサイバー攻撃のリスクの高さが強く意識されつつあります。

このサイバー攻撃を仕掛けたのは北朝鮮と見られています。同国のサイバー攻撃を仕掛ける部隊は世界でも屈指の技術力を誇っているようです。また、同国は国を挙げてマイニング作業を行っているといわれています。主要国による経済制裁を受けて国家としての弱体化が進む一方、ビットコインをはじめとする仮想通貨で資金を調達するという構図です。ある意味、国家として世界で最も真剣に仮想通貨に対する取り組みを行っているともいえます。

足元、国内取引所では目立ったサイバー攻撃の話は耳にしていませんが、こうしたサイバー攻撃を国内取引所がいつ受けるかわかりません。

仮想通貨取引所で口座を作成する際は、金融庁の交換業登録を受けた事業者かどうかが、セキュリティ面に対する判断のベンチマークとなるでしょう。

ちなみに、フィスコデジタルアセットグループ傘下のフィスコ仮想通貨取引所は、仮想通貨交換業者として登録（近畿財務局長第００００1号）を受けております。口座開設の際の選択肢に加えていただければ幸いです。

コラム③
フィスコデジタルアセットグループ代表・田代昌之氏の2018年仮想通貨びっくり10大ニュース

「仮想通貨元年」といわれた激動の2017年が終わり、2018年がスタートしたことから、「2018年仮想通貨びっくり10大ニュース」を発表したいと思います。決して荒唐無稽な話ではないと私が考えていることを10項目をお伝えします。

◎2018年の仮想通貨びっくり10大ニュース（順不同）

①国内で100億円規模の仮想通貨投資に特化したファンドが誕生する
②ビットコイン価格が10万ドルに到達する
③国内で金商法適用となりETFが上場するなど多くの金融商品が誕生する
④国内で仮想通貨の投資家が人口の10％（1200万人）に達する
⑤仮想通貨決済が増加し年間1兆円を超える
⑥仮想通貨が相続税納付可能リストに加わる

⑦100億ドル規模のICOが米国で誕生する
⑧M&A資金など、企業ファイナンスに利用される
⑨数多くの小国でビットコイン利用が法定通貨の利用を上回る
⑩米国で時価総額1000億ドルの仮想通貨関連企業が誕生する

それでは順に説明していきましょう。

①国内で100億円規模の仮想通貨投資に特化したファンドが誕生する

米国では仮想通貨に関連したファンド（ファンド・オブ・ファンズなども含める）がすでに数十本ほど立ち上がっています。こうした背景を考慮して、国内でも仮想通貨を投資対象としたファンドが立ち上がると考えています。

法律を確認する必要はありますが、私募から公募に形式が変われば100億円規模のファンドを立ち上げることも可能ではないかと考えています。投資家から広く資金を集めるファンドが国内でも立ち上がれば、資金流入期待などから仮想通貨の価格は上昇するかもしれません。アルトコイン（ビットコイン以外の仮想通貨の総称）も対象とすることで、大化けするようなアルトコインと出会える確率も高まると思います。すべてはファンドマネージャーの分析力、投資技術に掛かっているでしょう。

②ビットコイン価格が10万ドルに到達する

さまざまなビットコイン有識者や金融機関のアナリストなどが、２０１８年のビットコイン価格の予想を出していますが、私は１ＢＴＣが、10万ドル（約１１２０万円）に到達すると予想します。

先物などの思惑も加わることで10万ドルという水準も十分射程に入ると考えています。ちなみに、２０１７年のビットコインは年間で最大19倍まで上昇しました。雑な発想で恐縮ですが、足元の価格１７０万円で計算すると３２３０万円となります。ひょっとすると10万ドルは、ただの通過点かもしれません。

③国内で金商法適用となりＥＴＦが上場するなど、多くの金融商品が誕生する

これは、金融商品取引法（金商法）の範疇にビットコインなど仮想通貨が入ることで、金融商品として認められ、金融機関でビットコイン派生商品の取扱いが可能になるという予測です。

仮想通貨が金商法の適用となれば、ＥＴＦ上場などさまざまな金融商品が誕生するでしょう。証券会社がビットコインを活用した金融商品を開発し販売することで、市場への資金流入が期待できます。さすがに２０１８年は厳しいかもしれませんが、金商法適用となれば、仮想通貨の世界は大きく広がることになるので注目したい動きの一つだと考えて

います。

④国内で仮想通貨の投資家が人口の10％（１２００万人）に達する

２０１７年12月に一部報道にて、国内でのビットコイン保有者は１００万人に達したと報じられました。人口の１％にも届かない状況ですが、保有する人の増加ペースが加速しています。

２０１７年に東京証券取引所が発表した調査によると、株式投資をしている人はのべ４９６７万人います。１人平均３～４の証券口座を保有していると考えると、１２００万人から１６００万人という計算となり、株式投資家の割合と同じだけの投資家が誕生となれば、約１２００万人という数字となります。

数十年の株式市場の歴史を考慮すると、まだ10年ほどしか歴史がないビットコインが株式投資家の割合と並ぶのは苦しいとの指摘もあると思います。既存の投資商品とは比較にならないスピードで進化する仮想通貨市場を考えると、仮想通貨を保有する人が「人口の10％」に到達するのも決して遠くない気がします。

⑤仮想通貨決済が増加し年間１兆円を超える

投資の側面で注目されており足元の決済は伸び悩んでいると聞きますが、大手家電量販店では日本人の決済利用も増えているようです。年間で数百億円ほどと言われている決済金額ですが、今後利用する店舗の増加など決済インフラの拡大によって決済金額は増加すると見ます。なお、価格がまだまだ上昇する前提であれば、保有していたほうが資産価値は高まるため、決済で利用するケースは増えないといったロジックも考えられます。価格が下落した場合、今のうちに利用しておいたほうがいいという発想となるため決済金額が増加するかもしれませんが、はたしてどうなるでしょうか。

⑥仮想通貨が相続税納付可能リストに加わる

おそらく今回の「2018年仮想通貨びっくり10大予想」のなかでは、最もびっくり内容でしょう。

現在、相続税では、金銭（法定通貨）のほか、国債、有価証券、不動産、船舶、動産でも納付可能となっています。仮想通貨がこのリストに加わるということは、仮想通貨での物納が可能となるロジックです。

スイスでは2016年から一部地域において金額制限付きでビットコインによる納税が可能となっています。日本でも仮想通貨が国家戦略の事項となれば、戦略特区での利用を検討といった話がでるかもしれません。スイスのように人口数万人規模ではなく、数十万人、数百万人をターゲットとした戦略特区での実施となれば、世界1位の仮想通貨先進国になれるでしょう。それには、我々のような仮想通貨交換業を手掛ける事業者が国に働きかける必要がありそうです。

⑦100億ドル規模のICOが米国で誕生する

話題のICOに関しては各国が規制を強めつつあります。

米国では投資家に対して、リスクが高い投資であるといった注意喚起を行っています。ただ、私は全面的に規制を行うといった状況ではないと理解しています。ICO投資への関心は非常に高く、2018年もこの流れは続くと想定しています。2017年10月時点での年間ICO調達ランキングを見ると、ファイルコイン（Filecoin）が1位で約260億円を集めています。

それでも「100億ドル（約1兆1200億円）規模のICO」と比較すると、かなり開きがあります。実際、10億ドルあたりまで下げると的中しそうな気もしますが、10億ドルでは「びっくり」とはならないため、ここはあえて「100億ドル」と予想したいと思います。

⑧M&A資金など企業ファイナンスに利用される

こちらに関してはさまざまな法令をクリアする必要がありそうですが、私は「法定通貨で実施している金融サービスはいずれ仮想通貨でも実施できる」と考えています。

すでにＩＣＯという形で資金調達するスキームはできあがっていますし、今後は、仮想通貨で企業買収といった展開もあり得るでしょう。

フィスコデジタルアセットグループ傘下のフィスコ仮想通貨取引所では、２０１７年８月に私募での試験発行といった位置付けですが、ビットコイン建ての社債を発行しました。さすがに公募はまだ厳しいでしょうが、私募でのファイナンスは可能かと考えます。

２０１８年は仮想通貨での金融ファイナンスが活発化すると想定します。ビットコインはともかく、企業が発行したトークンでＭ＆Ａが実施される時期は近いと考えています。

⑨数多くの小国でビットコイン利用が法定通貨の利用を上回る

２０１７年、ジンバブエのムガベ大統領による超長期の独裁政権がついに終焉を迎えました。同国では、政情不安をきっかけに自国通貨が不安定となった一方、ビットコインの存在価値が一気に上昇。金融危機の状態を受けて、ビットコインの信頼性が相対的に増し、決済利用が増加しました。

また、政治リスクを抱えるベネズエラでも、ついに２０１７年６月、銀行規制当局の監視下でビットコイン取引所モンキーコイン（Monkeycoin）の運営を公式に許可することを発表しました。２０１７年1月にはマイニングを行ったという理由で逮捕される者も出ていたベネズエラですが、実情に沿うかたちへと規制を緩和したことになります。

これらは、ビットコインをはじめとする仮想通貨の信頼性が金融危機にある国に与える影響の一例といえます。

一部では北朝鮮がマイニングを積極的に行っているという話もあることから、ビットコインの存在価値が、その国の法定通貨を超えるケースが増える余地は十分にあると考えます。

⑩米国で時価総額1000億ドルの仮想通貨関連企業が誕生する

米国では、仮想通貨関連事業を手掛ける企業の時価総額が100億ドルを超えたことが話題となりましたが、ビットコイン先物の誕生などを背景に仮想通貨市場の拡大を想定すると、時価総額1000億ドルの企業が誕生してもおかしくないでしょう。

「2018年仮想通貨びっくり10大予想」の②にあるとおり、ビットコインの価格が1BTC＝10万ドルになれば、ビットコインを保有している企業の価値も必然的に高まります。アルトコインの価値上昇なども考慮すると、時価総額1000億ドルの企業誕生は決して夢物語では終わらないと想定します。

①〜⑩までのびっくり予想について説明しましたが、決して荒唐無稽な内容というわけではないことがおわかりいただけたでしょうか。

なかには「?」という項目があるかもしれません。２０１８年末前までに、一つでも的中していたならば、２０１８年の仮想通貨市場は大きな進化を遂げたということになるでしょう。

第3章

プロが教える
中長期、短期の投資手法

1 中長期の仮想通貨投資法「バイ・アンド・ホールド」

◆投資法は「中長期」と「短期」で変わってくる

この章では、具体的なビットコイン投資手法を説明していきましょう。

私は法人の資金を用いて自己勘定で実際に運用しています。こちらでご紹介する投資手法は、実際の運用でも用いていますので、実践的でリアルな投資法です。

ここでは、中長期的な投資手法と短期的な投資手法をご紹介します。ビットコインの今後の価格がどうなるかというシナリオは十人十色だと思いますが、右記の2パターンを軸に考えておけばいいでしょう。

仮想通貨市場全体の急成長を見てもわかるとおり、大化けの可能性がある一方で価格変動が極めて大きいことによるリスクもあります。こうしたほかの金融商品とは桁違いの価格変動率に魅了される投資家が、続々と仮想通貨市場に流れています。

◆米国の有名投資家が実践する「1％投資法」

投資法を紹介をする前に、ビットコイン投資に積極的だった米国人投資家ビル・ミラー氏が実践していたことで注目を集めた資金管理法についてお話しておきましょう。

ミラー氏は、1991年から15年間連続でS&P500指数を上回るパフォーマンスを記録した伝説の株式投資家として著名な人物です。

2014年からは、**純資産の1％をビットコインで所有**し、現在、同氏のヘッジファンドではビットコインに積極投資を行っていることを明らかにしています。

投資を行ううえで資金管理、つまり適切な資金で、その資金を効率的に投資するように考えることが重要です。

人それぞれ運用資産は異なりますが、資産の1％の投資であれば、かりに投資した仮想通貨が無価値になっても、それほど大きな痛手にはならないでしょう。

しかし、いくら仮想通貨の価格が上昇しているからといって、全財産を投じてしまうと、不測の事態が起こって、仮想通貨が無価値になれば、全財産を失うことになります。

「ビットコインはマネーの真のディスラプター（破壊者）であり、真のイノベーションだ」

このような発言をしているミラー氏は、２０１４年に発生したマウントゴックス事件（当時世界最大の取引所だった日本にあったマウントゴックス社による横領事件）の際に、ＣＮＢＣ（米国のニュース専門放送局）のインタビューにおいて、「（ビットコインが）金《ゴールド》の10％ほどの人気が出ただけで、８００億ドルの市場規模になると答えました。そして次のような発言をしています。

「資産の１００％を失うか、１２０倍の利益を出すかだ。私はこのリスクへの報酬はＯＫだと考える」

つまり、**資産のなかで失ってもよい程度の額を仮想通貨市場に投資することで、大幅なリターンを得る可能性をつくることが「1％投資法」の基本的スタンス**です。

たしかに資産のうち、１％を失ってもさほど致命的な損とはならないでしょう。それだけの資金を仮想通貨に回しておけば、数年で１００倍となる可能性があります。１％が１００倍となれば、当初の金融資産がほぼ2倍になります。

必ずしも全資産の１％にこだわる必要はありません。「１％投資法」の本質は、失ってもいいと思える金額で仮想通貨投資を行うことの重要性を説いているのです。また、違った見方をすれば、少ない資金でも大きなリターンが期待できるので、そこまで大きなリスクを取らなくても、大きなリターンの可能性があることを示唆しているのです。

２０１７年の仮想通貨市場のパフォーマンスを確認すると、仮想通貨の投資を考えるうえで、この「１％投資法」という観点はかなり有効になり得ると思います。

◆右肩上がりの相場状況なら「バイ・アンド・ホールド」が正解

それではまず、中長期的な投資手法を紹介していきましょう。

私が考える**中長期的な投資手法はバイ・アンド・ホールド（Buy&Hold）**です。

この投資手法は、ビットコイン価格が中長期的に右肩上がりとなると考えることが前提のときに使う投資法です。今後、中長期のスパンで下落することを想定している場合は、この投資手法を用いることはできません。

その名のとおり、買ったら基本的に売らずにずっと保有する投資法ですから、簡単といえば簡単です。しかし、少し値上がりしたときに、「利益確定したい」という気持ちを抑えて、売らずに我慢強く保有することが大切です。

仮にビットコインを１００万円で購入し、２００万円で売却したとします。このとき所得にもよりますが、最大45％（累進課税、１１１ページ参照）の雑所得が発生します。最大税率なら100万円の利益でも税引き後利益は55万円となるということです。

200万円で売却した投資家が、税金を考慮して買い戻す場合、155万円以下で購入する必要があります。つまり小さな利益を追ってボックストレードを行う際、税率を意識して売買を行う必要があります。逆に**税率を気にせず売買をしたい人は、バイ・アンド・ホールドでトレードしたほうがいいでしょう。**安く購入するに越したことはありませんが、FX取引でのスキャルピング取引は現在の税率を考慮するとビットコイン投資では避けたほうが無難です。

第2章で述べたとおり、私は「中長期的には右肩上がり、短期的には乱高下」という相場シナリオを持っています。この考えに則して投資手法を考慮すると、購入したら簡単には手放さず我慢する運用がベストの選択となるでしょう。

2017年を振り返ると、この戦略がはまった年になったといえます。

ここで2017年の仮想通貨市場のパフォーマンスを確認してみましょう。

77ページの図は、2017年12月31日時点の時価総額上位の主要な仮想通貨のうち、2016年12月31日終値を基準に、2017年12月31日までの取引時間中の最高値を比べた表となっています。ちなみに、2016年12月31日時点で上場していなかったビットコインキャッシュやビットコインゴールドなどは対象から外しています。

時価総額ダントツ1位のビットコインは、この1年間で約20・8倍になっています。

図3-1　主要仮想通貨の2016年終値と2017年高値の比較

通貨名	2016/12/31（終値、米ドル）	2017年高値（米ドル）	上昇率（倍）
Bitcoin (BTC)	963.74	20089	**20.84**
Ethereum (ETH)	7.97	881.94	**110.66**
Ripple (XRP)	0.006449	1.47	**227.94**
Litecoin (LTC)	4.33	375.29	**86.67**
Dash (DASH)	11.21	1642.22	**146.50**
NEM (XEM)	0.003676	1.06	**288.36**
Monero (XMR)	13.78	476.4	**34.57**
NEO (NEO)	0.144763	82.1	**567.13**
Stellar (XLM)	0.002469	0.300678	**121.78**
Ethereum Classic(ETC)	1.41	47.77	**33.88**
Lisk (LSK)	0.144415	27.36	**189.45**
Zcash (ZEC)	48.1	743.96	**15.47**
Verge (XVG)	0.000019	0.1637	**8615.79**
Waves (WAVES)	0.250915	18.07	**72.02**
BitShares (BTS)	0.00399	0.668158	**167.46**
Tether (USDT)	1	1.21	**1.21**
Stratis (STRAT)	0.072431	14.27	**197.02**
Ardor (ARDR)	0.010149	1.39	**136.96**
Augur (REP)	3.77	108.47	**28.77**
Nxt (NXT)	0.005941	1.42	**239.02**
MonaCoin (MONA)	0.023901	20.23	**846.41**
Bitzeny (ZNY)	0.000058	0.600358	**10351.00**

株式の世界では「テンバガー」という言葉があります。これは、「10倍」となった株を指すのですが、夢のある株式の世界でも「テンバガー」はなかなか目にできません。年に数社あるかないかです。ところが、仮想通貨の世界では、時価総額トップのビットコインですら「テンバガー」の倍近いパフォーマンスを出しているのです。

株式の世界に例えると時価総額国内トップのトヨタ自動車が、20倍近い上昇をしているのと同じです。さすがに、成熟したトヨタ自動車と成長著しいビットコインを同列に比較するのは難しいですが、それだけのインパクトが仮想通貨の世界では起こっているわけです。

時価総額2位のイーサリアムの変化率はどうでしょう。

なんと110倍です。1年間弱で保有していた資産が100倍以上になったわけですが、時価総額4位（時価総額3位のビットコイン・キャッシュは対象外）のリップルは227倍、5位のライトコインは86倍です。日本発の仮想通貨であるモナコインは驚愕の800倍超となっています。昨年末にモナコインを10万円購入した投資家は、資産が8000万円まで膨らむ瞬間があったというわけです。

時価総額上位のヴァージ（Verge）という仮想通貨は8600倍超、ビットゼニー（Bitzeny）にいたっては、驚異の1万倍超の上昇を記録しました。わずか10万円が10億円を超えたのですから、もはや宝くじの話をしていると勘違いされるレベルです。

こうした仮想通貨は、数万円購入してほったらかしにしているうちに資産が膨大な金額に膨れ上がったという典型的な例です。

◆2108年も仮想通貨価格の大幅な上昇は期待できる

ビットコインをはじめ、仮想通貨は数年前から話題となっていますが、2017年はまさに「仮想通貨投資元年」でした。これだけのパフォーマンスを弾き出す投資先はありません。成長途中であるがゆえ、高いパフォーマンスを出すことができるわけですが、**2018年に入っても引き続き高いパフォーマンスを期待できる**と見ています。

時価総額上位の仮想通貨もまだまだ成長途中だと考えていますし、第2章で説明したとおり、仮想通貨全体の時価総額が拡大する余地は十分にあります。

一方、市場では、「第2のモナコインを探せ」といった声も聞かれます。どのようなコインにその可能性が秘められているか、これぱかりは運不運があり、容易に見つけ出すことはできないかもしれません。

しかし、時価総額の小さいコインや新しく流通するコインが大化けする可能性はあります。ビットコインなど時価総額の大きいコインで中長期的な運用を行うのも一つの手ですが、時価総額の小さいコインに投資して、夢を見ることも十分楽しめるでしょう。そんな夢がある投資対象は、もはや仮想通貨しかないといっても過言ではありません。

◆ICOはハイリスク・ハイリターン

なお、新しく流通するようなコイン、すなわちICO（新規仮想通貨公開）の場合、ホワイトペーパーと呼ばれる説明書（株式では目論見書に該当）に、しっかり目を通すことをお奨めします。ICOはハイリスク・ハイリターンですので、投資をする際には十分な注意が必要です。実際には英文で書かれていたり、システムなど技術的な難しい言葉が多いと思われます。ただ、高いハードルをクリアすることで大化けするコインと出会えるとも私は考えています。

2 短期的には乱高下が続く可能性が高い！「短期投資」で勝つプロの考え方

◆仮想通貨相場の動向を把握して短期投資を考える

ここからは短期的な投資手法について紹介していきます。

ビットコインをはじめとする仮想通貨は、24時間365日売買が可能です。つまり、株式や為替市場が休場の土曜日、日曜日でも売買ができるわけです。

また、株式のようなストップ高やストップ安といった値幅制限がないので、値動きは大きくなりがちです。

2017年のビットコインの動向を見ると、日本が土日や祝日を迎えているときに大きく動いた印象があります。そこで、曜日ごとの値動きを調査したところ、次のような結果が得られました。

82ページの表は2017年1月以降の当日の高値と安値の値幅を前日の値幅で割った結果大きく値動きした日をランキングにしたものです。全体を見て、月曜日から日曜日までの値幅の

図3-2　2017年の値幅の変化率（前日比）ランキング

	前日からの値幅の変化率	前日との値幅
12月8日（金）	42.70%	＋14万8,315円
1月5日（木）	36.60%	-2万0,720円
11月2日（木）	35.09%	＋6万3,985円
12月23日（土）	34.67%	＋32万2,745円
12月10日（日）	31.83%	＋3万2,270円
12月7日（木）	29.85%	＋3万7,7745円
5月27日（土）	28.75%	-3万7,275円
3月8日（水）	28.27%	-5,065円
12月22日（金）	27.96%	-44万6,495円
1月6日（金）	24.98%	-2.475円

変化率（前日比）は目立った変化はありませんでしたが、ランキングを見ると、12月8日金曜日に42・70％動いているなど、週末に大きく動いている日が多いことがわかります。

また、83ページの日ごとの下落率（前日比）を確認すると、12月22日のマイナス23・07％、5月26日のマイナス18・66％がランキング1、2位となりますが、ともに金曜日です。つまり、平均化するとあまり目立った変化は確認できませんが、**金曜日に急落もしくは上下に大きく動くケースがある**ことがわかります。

そして、下落率ランキングを確認すると、12月22日と5月26日の金曜日に次いで、1月5日の木曜日の

図3-3　2017年の日別・上昇率・下落率ランキング

上昇率トップ10		下落率トップ10	
12月7日（木）	+26.16%	12月22日（金）	-23.07%
12月23日（土）	+21.68%	5月26日（金）	-18.66%
11月29日（水）	+14.52%	1月5日（木）	-15.64%
7月18日（火）	+14.25%	7月15日（土）	-15.24%
5月28日（日）	+13.73%	6月15日（木）	-15.00%
5月22日（月）	+12.29%	5月27日（土）	-13.75%
10月13日（金）	+11.54%	3月18日（土）	-13.60%
8月5日（土）	+11.54%	11月30日（木）	-13.17%
5月25日（木）	+11.45%	12月9日（土）	-12.30%
6月16日（金）	+10.41%	9月13日（水）	-10.88%

15・64%、7月15日の土曜日の15・24%、6月15日の木曜日の15・0%、5月27日の土曜日の13・75%と上位5位まで木曜日から土曜日が並びます。前日比10%超の下落率を曜日ごとに見ると、水曜日が2回、木曜日が3回、金曜日が2回、土曜日は4回といった状況です。ちなみに前日比10%超の上昇率では、下落率ランキングで出てこなかった月曜日が2回、火曜日1回、日曜日が1回それぞれランキングに入っています。つまり**週末にかけてビットコイン相場は下に動きやすく、土曜日前後に底打ちし週明けは値を戻すといった傾向が見えてきます。**

　このデータを見るかぎり、土日に大きく動くというのは事実です。

私は、週末でも実際に売買が可能な投資対象がビットコインをはじめとした仮想通貨しかないことが要因だと考えています。会社が休みのビジネスマンが、土日に活発なビットコイン投資を行っているようなイメージです。

欧州では、ビットコインの売買を積極的に手掛ける日本人のことを「ミスター・ワタナベ」と呼んでいるようです。２００５年前後に、ＦＸ（外国為替証拠金取引）を活発に手掛ける日本人が「ミセス・ワタナベ」と呼ばれるようになりましたが、ビットコイン投資を行う日本人は男性が多いことから「ミスター・ワタナベ」という言葉が誕生したようです。

２０１７年は、ビットコイン年間売買高のランキングで日本がトップとなる公算が大きいことが影響したのでしょう。こうした「ミスター・ワタナベ」が平日の合間や土日に積極的な売買を手掛けていることで、ボラタイル（変動率の大きい）なビットコイン相場が続いていると考えます。

そして、この流れは２０１８年も変わらないでしょう。

ＦＸのレバレッジの上限をこれまでの25倍から10倍まで引き下げる話が足元で行われていることが理由です。レバレッジ上限の引き下げがいつからになるかははっきり決まっていませんが、ボラタイルな相場展開を好むＦＸ投資家は、レバレッジの上限引き下げによってＦＸ市場から徐々に離れ、レバレッジ10倍以上（取引所による）でかつ値動きも激しい仮想通貨市場に流れていくことが予想されます。

先物市場がスタートしたことで値幅は落ち着くといった声はありますが、私は価格変動が大きい相場展開を好む「ミスター・ワタナベ」が存在するかぎり、短期的に乱高下となる相場展開は続くとみます。

◆仮想通貨相場の動向を把握するのに便利な「ボリンジャーバンド」

このような短期的な乱高下となる相場では、どのような投資手法が有効か。私は有名なテクニカル指標の一つであるボリンジャーバンドを有効活用し、運用資金を二つに分けて買い指しを入れる手法を実際のトレードで取っています。

詳細をご説明しましょう。

ボリンジャーバンドは、ジョン・ボリンジャーが開発したテクニカル分析の一つで、投資家のあいだでも、最も知名度が高く、人気があるテクニカル指標の一つです。標準偏差を用いることにより、市場の予想変動率（ボラティリティ）を測定して、将来の価格を予想します。チャート上に描画されるボリンジャーバンドは、移動平均線を中心にして上下に2本ないし3本ずつの線が描かれます。

価格は上下を繰り返しますが、「移動平均線あたりで株価が推移することが多く、移動平均

図3-4　ボリンジャーバンドの基礎知識

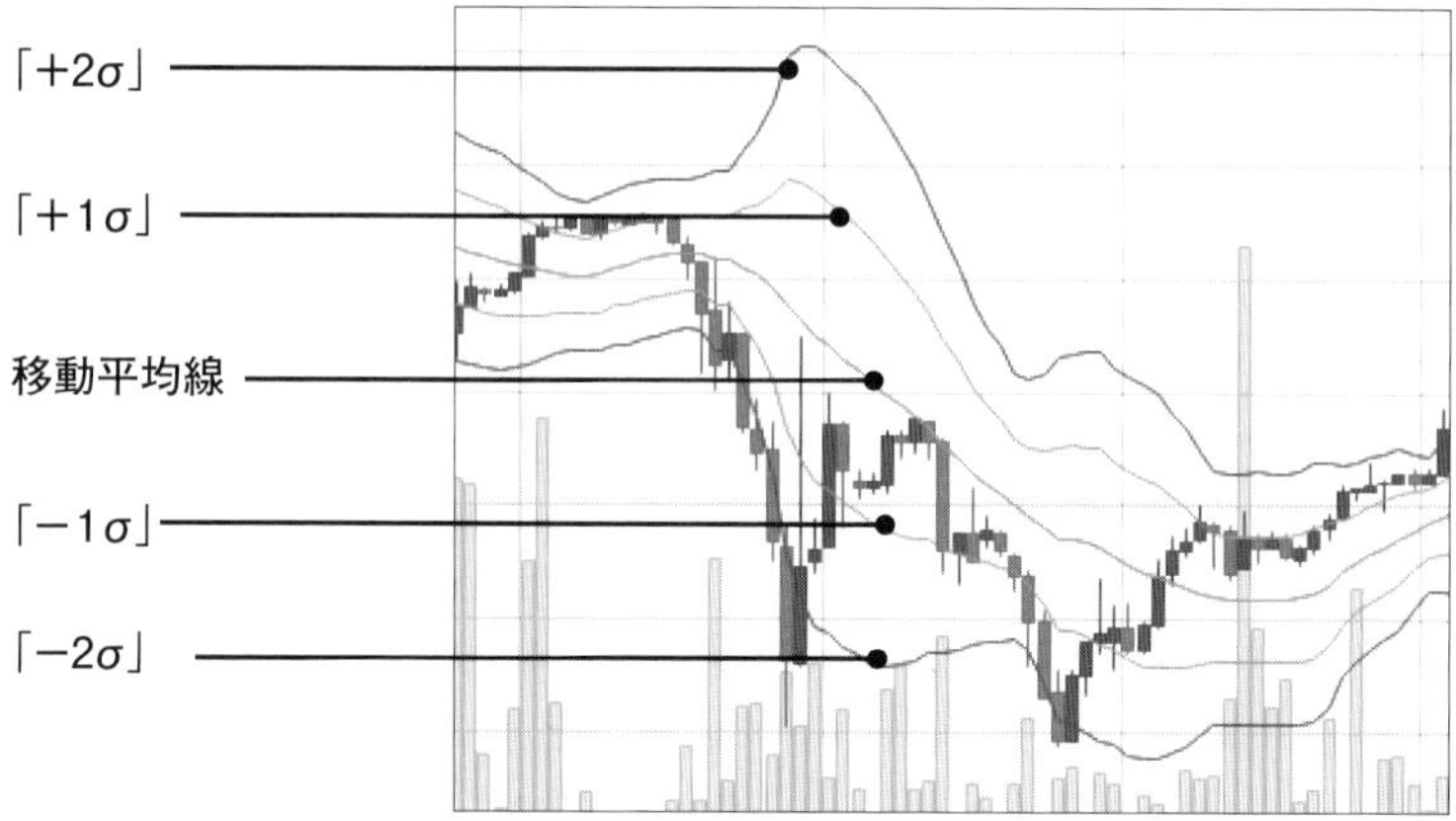

統計学上、σ《シグマ》の内側に現在値が存在する確率

- 現在値は「±1σ」内に63.8%の確率で存在する
- 現在値は「±2σ」内に95.5%の確率で存在する
- 現在値は「±3σ」内に99.7%の確率で存在する

線から極端に離れることは多くはない」ことを前提にしています。現在の価格が移動平均線から高いほうに離れると、「買われすぎ（＝売り）」のサイン、安いほうに離れると「売られすぎ（＝買い）」と考える「逆張り手法」で売買するときによく使われるテクニカル指標です。

ボリンジャーバンドは、その「買われすぎ」「売られすぎ」を、多くの人たちが学生時代に悩まされた偏差値を計算するために用いられる標準偏差を用いて、統計学的に計算して、チャート上に視覚的に示したものです。

具体的には、移動平均線に最も近い上下線（＝±1σ《シグマ》）の間で株価が動く確率の範囲内に現在値が存在する確率は「約68・3％」、2番目に描かれた上下線（±2σ）の間で現在値が存在する確率は「約95・5％」、3番目の上下線（±3σ）の間に現在値が存在する確率は「約99・7％」とされています。

一般的に、ボリンジャーバンドは、現在の価格が±2σの範囲外に出ると、その後、価格はその中心価格に近づく傾向にあるので、現在値が上に抜けているならば「売り」、下に抜けているなら「買い」のサインと考えます。

現在値が±3σの範囲外に出ると、確率上、そのはみ出す確率は、統計上0・3％しかないため、より強いと売買サインになると考えられます。

図3-5　バンド・ブレイクアウト

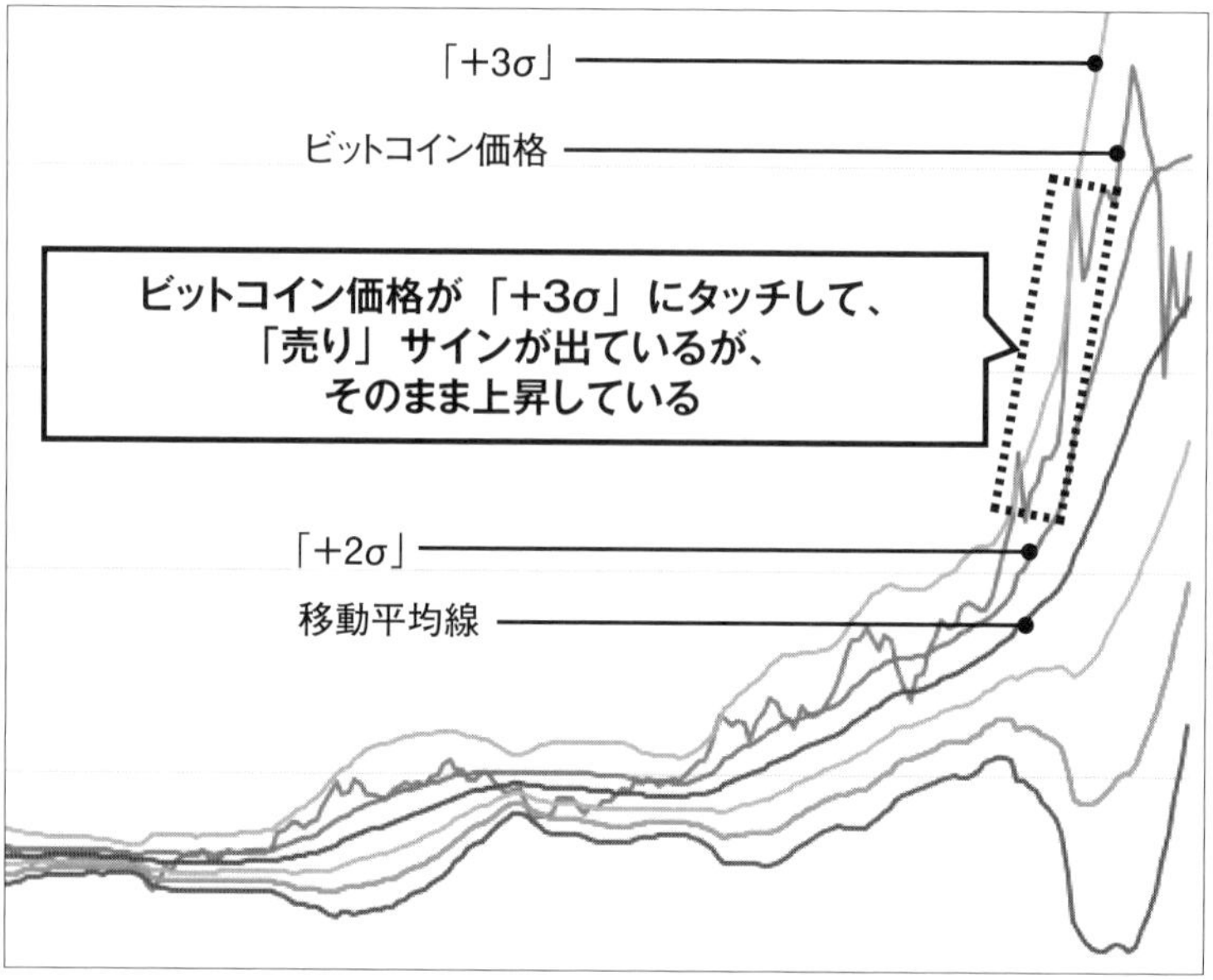

ただ、トレンドが強いときには、ボリンジャーバンドの幅が拡大し、その拡大するボリンジャーバンドに沿って上昇（下落）を見せる場合があります。これを「**バンド・ブレイクアウト**（バンドウォーク）」といいます。

バンド・ブレイクアウトが発生すると、上のグラフのように＋3σに現在値がタッチしても、価格は下落することなく、バンドの拡大に沿って価格は上昇しています。この変化を見極めることができれば、逆張りでなく、順張りで投資しなければいけません。

一般的に、ボリンジャーバンドは逆張り手法のときに用いられますが、バンド・ブレイクアウトが発生したときは、「順張り手法」の判断材料として使うこともできる逆張り、順張りどちらにも対応している万能のテクニカル分析手法なのです。

◆ボラティリティが大きい仮想通貨投資では「±3σ」が重要

ボリンジャーバンドは株式や為替市場では主に「±2σ」が分析に用いられますが、**ボラティリティの大きいビットコインの世界では「±3σ」を利用します。**

2017年、ビットコインは上昇の一途を辿りましたが、短期的な下落は頻繁に発生しています。その際、ボリンジャーバンドの「+3σ」を上回ったあとに下落しているケースが多く見られます。

投資家心理としては「上がり過ぎに対する調整がそろそろくるかもしれない」といった状況と考えられます。明確な「買われ過ぎ、売られ過ぎ」といった基準が存在しない仮想通貨の世界では、こうしたボリンジャーバンドなどが示す水準の影響力が大きいのかもしれません。

そして、調整局面に入った際の下値メドとして、+1σや30日移動平均線もしくは1カ月間にもみあった水準などが意識されがちです。このもみ合った水準は、売買をしている投資家が多いことから意識されやすいのです。足元の上値抵抗線だった水準（レジスタンスライン）が、下値指示線（サポートライン）に変化することもよくありますが、これも投資家がその水準を強く意識しているからです。こうした見方は株式、為替市場と同じだと考えています。その水準には投資家の様々な思惑が交錯しているからです。

ちなみに足元の**ビットコインの場合、30日移動平均線を下回ることはほぼありません。**仮にこの水準を長い期間割り込んだ場合、それは上昇トレンドから下落トレンドに転換したことを示します。つまり上昇トレンドが終焉を迎え、下落トレンド入りする可能性を示唆しているのです。今のところビットコインのチャートでは、そのサインは見られません。こうした状況も「中長期的には右肩上がり」と私が見ている要因の一つです。

ここまでの内容をまとめてみます。

・ボリンジャーバンドの＋３σを上回った後、短期的な乱高下（調整）となりやすい
・その期間は長くても1週間ほど
・下値メドは＋１σ、30日移動平均線もしくは足元（約1カ月間）もみあった水準

◆短期的な乱高下時に有効な「台形型の買い指し」

それでは、実際にこうした短期的な乱高下（調整）を迎えた際、どのような買い方（押し目買い）を実施すれば高いパフォーマンスを得られるでしょう。私はこうした局面では、「台形型の買い指し」を入れて対応しています。

「台形型の買い指し」とは、たとえば、下値メドを100万円から110万円と想定した場合、110万円での購入金額よりも想定する下値の下限の水準である100万円での購入金額のほうを多めにする方法です。

同じ購入金額で買い指しを入れると、長方形となりますが、こうした買い指しの入れ方をとると形は台形になります。

なるべく安い水準で多めに買いたいときにとる投資手法です。もちろん想定よりも下落しなかったことで買い指しが入らないケースもありますが、目先の下値メドとしてみている水準での買い指しを厚くすることで、その後の反発（リバウンド）局面でしっかりとした利益確定がしやすくなります。

ただし、下値メドを見誤ったときは残念な結果となりますが、「中長期的な右肩上がり」を前提とした今の局面では、短期的な乱高下でもしっかりとしたリターンを生み出しています。

図3-6　台形型の買い指しのイメージ

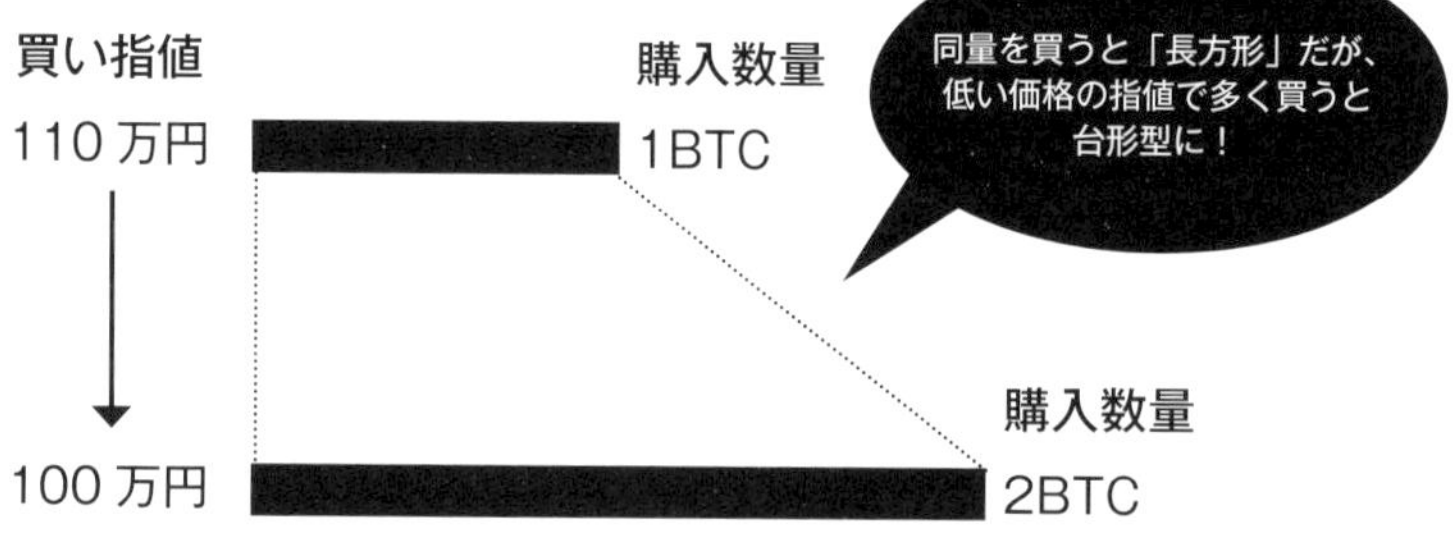

高い価格の指値より、低い価格の指値の購入数量を多くすることで、リバウンドした局面で利益を大きくできるただし、安い指値に到達せずに購入できない可能性もある！

そして、この台形型の買い指しを入れる際ですが、投資（想定リターン）のイメージを二つに分け、具体的には次のような想定を行います。

・想定利益幅　6－7%前後
・想定利益幅　12－14%前後

つまり、さきほどの価格帯の買い指しですと、１１０－１０５万円での買い指しと１０４－１００万円の買い指しの二つに分けて、購入後の利益確定の指値は１１０－１０５万円の買い指しは１１５万円前後（利益幅６－７%前後）、１０４－１００万円の買い指しは、利益確定の売り指値を120万円前後（利益幅12‐14％前後）に設定するという投資手法です。

このように、大きなリターンを狙う戦略と小さなリターンを狙う戦略を同時に行うわけです。非常にシンプルな投資手法に感じると思いますが、2017年は、この投資法に合ったケースが多く、高いパフォーマンスを出すことができました。

短期的な乱高下が発生するのは当たり前と捉えていれば、パニックに陥ることなく冷静に相場を見ることができます。

乱高下の際は、1時間で10‐20％の上下を繰り返すことがしばしば見られますので、1日に何回転（買い→利益確定の売り、買い→利益確定の売り）も売買することは可能です。

ただし、私は2回転ぐらいでやめておいたほうがいいと考えます。回転できるということはリバウンドが弱いことを意味します。株式、為替もそうですが、リバウンドが弱い相場は直近につけた安値を割ってくる可能性が高いからです。あくまでも上昇局面にある一時的な乱高下で拾いに行く投資手法と考えていたほうが無難です。

下落局面に入ったときにこの手法を用いると、「落ちてくるナイフ」をつかみにいくことになりかねないので、火傷する可能性があるので注意が必要です。

ここまで短期的な乱高下となった際の投資手法をご説明しましたが、最重要な点をお伝えし

忘れていました。**ビットコインをはじめ、仮想通貨の世界では1時間で10~20%上下すること
は日常茶飯事**であることです。上下に大きくふれることを当たり前と捉えておけば、焦ること
はありません（証拠金取引を行っている場合は、十分な証拠金を積んでおくことです）。仮想
通貨で運用を考えている全額で投資するのも手ですが、下がってくる局面で細かくリバウンド
を狙えるだけの運用資金を確保しておけば、心理的にもゆとりが生まれるでしょう。

株式投資やＦＸと同様に、相場が短期的に乱高下する局面でも冷静でいることが大切です。

コラム④
2018年は国産仮想通貨が続々と誕生!?

2ちゃんねるで有名なアスキーアート『モナー』をモチーフにしている国産仮想通貨モナコインが、2017年大幅な上昇を見せました。背景には、取引できる取引所が増えていることが挙げられます。『モナー』への関心は世界でも高く、日本のオタク文化への関心の高さがうかがえます。

そのようななか、2017年12月、トーキョー・オタク・モード（Tokyo Otaku Mode Inc.）はアニメや漫画、ゲームなどいわゆるオタク系コンテンツ業界に特化した仮想通貨「オタクコイン」でのＩＣＯ（Initial Coin Offering、新規仮想通貨公開）実施に向け本格的に検討を開始、「オタクコイン準備委員会」を設立したと発表しました。

アニメの企画・プロデュースなどの事業を展開するジェンコの代表である真木太郎氏やアニメジャーナリストの数土直志氏がアドバイザーとして就任しています。また、ＩＣＯコンサルティング事業を展開するエニーペイ（AnyPay）が参画・支援を行うとのことです。

オタクコインは、オタク系コンテンツ業界で利用可能な共通通貨となる予定で、アニメ作品への直接的な支援のほか、アニメイベントへの参加費用、物販での支払いなどに充当できることを想定しています。

なお、著名な漫画家にコインをデザインしたり、AR（Augmented Reality、拡張現実）を通じて空中に浮いている同コインを獲得できるなど、ほかの仮想通貨にはない「楽しさ」の提供も検討しているもよう。

一方、2018年春から夏ごろのICO実施を目指しているものの、2018年1月時点では、法律や会計、税務などさまざまな観点から、確認や調整を行なっている最中で「実施に向けた検討を行っている」状態のようです。

また、2017年12月末、神戸経済同友会が地方創生に向けた提言を発表しました。農業振興の面では、消費者が生産者と専用サイトで直接繋がり、農産物を購入してクレジットカードや仮想通貨で決済する仕組みを提唱しています。県産品の購入を推進することが狙いで、地域通貨を活用した地方創生は以前から議論されてきたテーマです。

2017年は、このような地域通貨に絡んだニュースが多く伝わりました。飛騨信用組合は、地元住民および観光客向けに電子地域通貨「さるぼぼコイン」の提供を開始しました。こちらはスマートフォンアプリ上で利用できる電子通貨です。近鉄グループは、三菱総合研究所と組み、仮想地域通貨「近鉄ハルカスコイン」を使用した実証実験を開始しています。

地域通貨は流通量の拡大などの観点から、爆発的な消費拡大を引き起こすことが難しい側面もあります。ただ、世界中で流通しているビットコインなどの主要仮想通貨と地域通貨との兌換《だかん》などが将来的に可能となれば、訪日外国人が旅行先の電子地域通貨を購入・消費することで、地方での消費が一段と活発になるような展開も期待できそうです。

仮想通貨先進国として日本が進むには、こうした取り組みに政府も積極的に絡んでいくことが必要でしょう。２０１８年は、国産仮想通貨が続々と誕生するかもしれません。

第 4 章

知っておきたい 仮想通貨の法制と税制

1 ２０１７年４月に施行された「改正資金決済法」とは？

◆改正資金決済法の施行で仮想通貨は国のお墨付きを得た

２０１６年５月、初めて仮想通貨に関する規制を盛り込んだ法律、いわゆる「改正資金決済法」（「仮想通貨法」とも呼ばれる）が成立し、２０１７年４月１日に施行されました。

この法律が導入された経緯として、２０１４年に当時、世界最大の取引所だった「マウントゴックス」が破綻したことが挙げられます。

同社の破綻は、巨額の仮想通貨が消失したことから社会的にも大きな問題となりました。こうした事件を受けて、利用者（投資家）保護の声が高まったほか、資金洗浄（マネー・ロンダリング）に悪用される可能性などから、法整備が進められたわけです。

この法律の重要なポイントは次の２点です。

・仮想通貨が決済通貨の一つとして認定された
・仮想通貨の売買等を行う仮想通貨取引所は、金融庁へ「仮想通貨交換事業者」としての登録が義務付けられた

これまで法律上、その存在があやふやだった仮想通貨は「決済通貨の一つ」として認められました。また、従来は「モノ」として扱われていた仮想通貨の購入時にかかっていた消費税は、2017年7月から不要になりました。

また、改正資金決済法の施行によって、もし取引所が不正をすれば、必要に応じて監督官庁である金融庁から業務改善命令や停止命令を出せるようになりました。

登録業者（仮想通貨交換業者＝仮想通貨取引所）は、仮想通貨は価格が大きく変動するリスクが存在することなどについて、利用者への適切な情報提供が必要とされるほか、利用者から預かった資産を自社の資産と明確に切り分けて管理（分別管理）する義務も盛り込まれました。

同時に、仮想通貨交換業者に対しては、以下の監督規定が設けられました。

・帳簿書類および報告書の作成
・公認会計士または監査法人の監査報告書等を添付した当該報告書の提出

・立入検査
・業務改善命令

仮想通貨取引所は、一度登録されたからといって、将来的にずっと登録され続ける保証があるわけではありません。継続的に安定した取引所の運営が可能かどうかは、金融庁によって随時チェックされていきます。厳しいチェック体制を国が設けることで、利用者（投資家）保護につながっていくわけです。

ちなみに、**フィスコ仮想通貨取引所は、２０１７年９月29日に金融庁のホームページで公表された、仮想通貨交換業者として登録された11社のうちの１社に名を連ねています。**

これにより、主たる事業である「仮想通貨の取引仲介」について、改正資金決済法に規定される仮想通貨交換業者として認められたことになります。

また、一般社団法人日本仮想通貨事業者協会（以下「ＪＣＢＡ」）のホームページにも、フィスコ仮想通貨取引所が仮想通貨交換業者として掲載されています。

【本改正のポイント】
・２０１７年７月１日より仮想通貨の譲渡（購入・売却）に係る消費税は非課税となります。

図4-1　金融庁に登録された仮想通貨交換業者（その1）

2017年12月31日現在

仮想通貨交換業者	URL	取り扱う仮想通貨
フィスコ仮想通貨取引所	https://fcce.jp/	BTC（ビットコイン）、MONA（モナコイン）、FSCC（フィスココイン）、NCXC（ネクスコイン）、CICC（カイカコイン）、BCH（ビットコインキャッシュ）
マネーパートナーズ	https://www.moneypartners.co.jp/	BTC（ビットコイン）
QUOINE（コイン）（QUOINEX）	https://ja.quoinex.com/	BTC（ビットコイン）、ETH（イーサリアム）、BCH（ビットコインキャッシュ）、QASH（キャッシュ）
bitFlyer（ビットフライヤー）	https://bitflyer.jp/	BTC（ビットコイン）、ETH（イーサリアム）、ETC（イーサリアムクラシック）、LTC（ライトコイン）、BCH（ビットコインキャッシュ）、MONA（モナコイン）
ビットバンク	https://bitcoinbank.co.jp/	BTC（ビットコイン）、ETH（イーサリアム）、XRP（リップル）、LTC（ライトコイン）、MONA（モナコイン）、BCC（ビットコインキャッシュ）
SBI バーチャル・カレンシーズ	https://www.sbivc.co.jp/	BTC（ビットコイン）
GMO コイン	https://coin.z.com/	BTC（ビットコイン）、ETH（イーサリアム）、BCH（ビットコインキャッシュ）、LTC（ライトコイン）、XRP（リップル）
ビットトレード	https://bittrade.co.jp/	BTC（ビットコイン）、ETH（イーサリアム）、XRP（リップル）、LTC（ライトコイン）、MONA（モナコイン）、BCC（ビットコインキャッシュ）
BTC ボックス	https://www.btcbox.co.jp/	BTC（ビットコイン）、BCH（ビットコインキャッシュ）、ETH（イーサリアム）、LTC（ライトコイン）
ビットポイントジャパン	https://www.bitpoint.co.jp/	BTC（ビットコイン）、ETH（イーサリアム）、XRP（リップル）、LTC（ライトコイン）、BCC（ビットコインキャッシュ）
テックビューロ	http://techbureau.jp/	BTC（ビットコイン）、MONA（モナコイン）、BCH（ビットコインキャッシュ）、XCP（カウンターパーティー）、ZAIF（ザイフ）、BCY（ビットクリスタル）、SJCX（ストレージコインエックス）、PEPECASH（ぺぺキャッシュ）、FSCC（フィスココイン）、CICC（カイカコイン）、NCXC（ネクスコイン）、Zen（ゼン）、XEM（ゼム（ネム））、ETH（イーサリアム）、CMS（コムサ）

図4-2　金融庁に登録された仮想通貨交換業者（その2）

2017年12月31日現在

仮想通貨交換業者	URL	取り扱う仮想通貨
DMM Bitcoin	https://bitcoin.dmm.com/	BTC（ビットコイン）
ビットアルゴ取引所東京	https://arg-trade.com/	BTC（ビットコイン）
エフ・ティ・ティ	https://www.bitgate.co.jp/	BTC（ビットコイン）
BITOCEAN	http://www.bitocean.com	BTC（ビットコイン）
Xtheta（シータ）	https://xtheta.co/	BTC(ビットコイン)、ETH(イーサリアム)、BCH(ビットコインキャッシュ)、XRP(リップル)、LTC(ライトコイン)、ETC(イーサリアムクラシック)、XEM（ネム）、MONA(モナコイン)、XCP(カウンターパーティー)

・対象者は「個人または法人事業者（免税事業者除く）」となります。
・本改正を見越した直前の大量購入については一定の条件のもと仕入税額控除が認められないケースがあります。
・課税売上割合の算出に仮想通貨の非課税売上分は含めません。
・消費税を対象とした改正であり、個人所得税、法人所得税が非課税になるということではありません。

（参考）

消費税法施行令の改正により、仮想通貨の譲渡に係る消費税を非課税とする内容が盛り込まれました。

平成29年度税制改正大綱（一部抜粋）

資金決済に関する法律に規定する仮想通貨の譲渡について、消費税を非課税とする。

事業者が、平成29年6月30日時点で100万円（税抜）以上の仮想通貨を国内において譲り受けて保有する場合、同日に保有する仮想通貨の全部又は一部の種類について、その種類ごとの保有数量が同年6月1日～30日までの間の各日の当該種類ごとの平均の保有数量に対して増加したときは、その増加した種類のその増加した部分の課税仕入れに係る消費税につき、仕入税額控除制度の適用を認めないこととする。

【関連条文】
消費税法施行令　第48条
消費税法施行令　附則（平成29年3月31日政令第109号）

2 仮想通貨取引で利益が出た場合の「税金」

◆ビットコインの取引で生じる損益は「雑所得」に分類される

株式投資の場合、株の値上がり益に対して「20％」、配当にも同じく「20％」の税金がかかりますが、ビットコインなど仮想通貨投資で利益が出た場合はどうなっているのでしょうか。

２０１７年8月末に、国税局のホームページのタックスアンサー上で、ビットコインを使用することにより生じる損益については**原則、「雑所得」に区分される**ことが公表されました。そして、12月1日には、仮想通貨で得た所得の計算方法についての詳細内容がホームページ上にアップされています。

国税局のタックスアンサーに掲載された説明を以下に抜粋します。

Ｎｏ１５２４　ビットコインを使用することにより利益が生じた場合の課税関係

ビットコインは、物品の購入等に使用できるものですが、このビットコインを使用することで生じた利益は、所得税の課税対象となります。

このビットコインを使用することにより生じる損益（邦貨又は外貨との相対的な関係により認識される損益）は、事業所得等の各種所得の基因となる行為に付随して生じる場合を除き、原則として、雑所得に区分されます。

出所：国税庁ホームページ（タックスアンサー）

https://www.nta.go.jp/taxanswer/shotoku/1524.htm

この内容を解釈しますと、国税庁はビットコインの取引で生じる利益は「雑所得」に該当するとの認識です。

雑所得とは、次の9種類の所得のいずれにも当たらない所得を指します。

・利子所得
・配当所得

・事業所得
・不動産所得
・給与所得
・退職所得
・譲渡所得
・山林所得
・一時所得

具体的には、公的年金、非営業用貸金の利子、作家など事業として展開している人以外の原稿料や印税、講演料や放送謝金などが該当します。

上場している株式や公社債など他の金融所得とは損益通算できず、所得に応じた累進税率を適用するとしています。上場している株式や公社債の譲渡損益は、差し引きをして課税対象の所得を減らせる「損益通算」と呼ぶ仕組みがあります。また、損失を3年間繰り越し、将来の利益と相殺することもできます。

一方、ビットコインの場合、こうした税制のメリットを受けられず、雑所得で確定申告を行うとなったわけです、一見すると、厳しい税制適用と思われるかもしれませんが、新しい投資の税制適用は、当初は「雑所得」になることが多いため、投資家もある程度予想していた範疇だったかと思います。

今後、株式投資並みに投資家が拡大した際、ほかの金融商品との損益通算などが議論されるかもしれませんが、仮想通貨は、現在、金融商品取引法上の「有価証券」に該当しないと考えられています。

まずは、金融商品取引法の範疇に入るかの議論が先のようです。また、のちほど触れますが外国為替証拠金取引（ＦＸ）は、誕生した際は最大税率50％でしたが、誕生から7年後にＦＸ業者が金融庁の監督下におかれ、15年後の２０１２年にようやく一律20％課税、損失の繰越控除が3年間可能といった状況となりました。

こうした背景を考えると、仮想通貨の税制が使い勝手のいい制度となるには時間がかかるということかもしれません。

なお、公表された内容を見ると、対象をビットコインに限定しています。つまりアルトコインは含まれていません。しかし、ビットコイン取引で生じた損益が「雑所得」で、アルトコイン取引で生じた損益が「雑所得ではない」となると、普通に考えて合理的ではありませんので、アルトコインもビットコインと同じ課税方法になるでしょう。

たとえば、ビットコインの取引では利益、イーサリアムの取引では損失をそれぞれ計上した場合、仮想通貨全体で損益計算するため、雑所得の損益通算することは可能だと考えます。

国税局の見解を確認する必要はありますが、今のところ上記の見解は仮想通貨全般として理解しても大丈夫かと思います。

ただし、先にも述べたように、翌年度への損失を繰り越すことはできませんので、1年ごとに損益を確定する必要はあります。付け加えますと、仮想通貨をただ保有しているだけで含み益が生じている場合は、課税対象とはなりません。

◆仮想通貨取引で得た利益に対する税金の計算方法

それでは具体的に雑所得の計算方法を見ていきますが、雑所得には次の2種類があります。

①公的年金等

収入金額－公的年金等控除額＝公的年金等の雑所得

②公的年金等以外

総収入金額－必要経費＝その他の雑所得

図4-3所得税の税率

課税される所得金額	税率	控除額
195万円以下	5%	0
195万円超 330万円以下	10%	97,500円
330万円超 695万円以下	20%	427,500円
695万円超 900万円以下	23%	636,000円
900万円超 1,800万円以下	33%	1,536,000円
1,800万円超 4,000万円以下	40%	2,796,000円
4000万円超	45%	4,796,000円

仮想通貨取引で発生した損益に関しては②の計算方法が適用となります。

雑所得は、給与所得などの他の所得の金額と合計して総所得金額を計算したあと、納税額を算出します。なお、一定の先物取引による所得については申告分離課税が適用されます。たとえば、同じ雑所得でも、外国為替証拠金取引（FX）や金先物は、一律20・315％（所得税15・315％、住民税5・0％）の税率が適用されますが、**仮想通貨の利益は、給与所得などと合算され上の表のように、所得に応じて5～45％の累進税率がかかります。**

それでは、具体的にどのように課税されるのか説明していきましょう。

保有の仮想通貨を法定通貨である円で売

却した場合は、売却額から取得価格を引いた「売却益」が課税対象となります。
一方、ビットコインをイーサリアムと交換した場合の売却益はどうなるのでしょうか。この場合は、おそらく取得時から交換時のビットコインの値上がり益が課税対象となるでしょう。

また、8月にビットコインが分岐してビットコイン・キャッシュが誕生しましたが、この際取得したビットコイン・キャッシュの取得単価はゼロとみなされる可能性があります。そのほか、ビットコインを利用して物を購入した場合は、イーサリアムと交換したケース同様、保有期間内のビットコインの値上がり益が課税対象となるでしょう。こうした解釈に関しては、税理士もしくは所管の税務署に確認したほうがいいかと思いますが、仮想通貨と法定通貨の交換のみに課税されるわけではなく、仮想通貨と仮想通貨の交換にも課税されることは認識しておきましょう。

個人投資家に人気のＦＸでは、20万円を超える利益が出たら、原則、確定申告をしなければいけません。しかし、納税しなかったことが税務署に見つかり、巨額なペナルティーを課されるケースが２０００年代初頭にニュースとなりました。悪意をもって確定申告しなかったケースもあるでしょうが、確定申告をして税金を納めなくてはいけないという事実を知らなかった投資家も多かったのです。

今後、私たちのような仮想通貨取引所を運営する立場の人間は、確定申告の必要性をより強くアナウンスする必要があるでしょう。

仮想通貨もＦＸ同様、年末調整を受けた給与所得者の雑所得の金額が「20万円」を超えると、確定申告する義務があります。利益が出たら納税は必ずしなくてはいけません。

仮想通貨に対する課税は誰もが初めての経験となります。２０１７年の仮想通貨売買において、利益が出る可能性が高いのであれば、確定申告期間（毎年2月16日～3月15日）を見越して、早い段階から税理士や所管の税務署に相談するようにしましょう。

◆どうやって税金を支払うのか？

それでは、実際の確定申告の流れを簡単にご説明します。**所得税法で毎年1月1日から12月31日までの1年間に生じた所得について、翌年の2月16日から3月15日までの間に確定申告を行い、所得税を納付することになっています。**この時期を過ぎたら本来納めるべき税金に無申告課税が課されますので注意しましょう。

ただし、国税局としては下記のようなケースであれば、期限後申告であっても、無申告加算税は課されないとしています。

・その期限後申告が、法定申告期限から1カ月以内に自主的に行われていること
・期限内申告をする意思があったと認められる一定の場合に該当すること

仮想通貨が絡んだ確定申告は、投資家だけではなく税務当局も初めてのケースですので、処理が遅くなるケースもあります。なるべく期限内の確定申告をおすすめします。

確定申告をする際、必要な書類や情報を集めますが、確定申告時期の2月からだと申告に間に合わない可能性がありますので、年末あたりから準備を進めていきましょう。

なお、事業を営んでいる方は、確定申告に慣れているでしょうが、ここでは会社員など確定申告に慣れていない方を想定して進めていきます。

そして、今回は仮想通貨取引の確定申告を想定しており、住宅ローンやふるさと納税、生命保険料などの控除に関する話は省略します。

・自分が住んでいる地域を管轄する税務署の住所や電話番号
・仮想通貨取引に関する売買の履歴
・1月1日から12月31日までの所得証明（会社員であれば源泉徴収表）

申告書は、最寄りの税務署に行けばもらえますが、国税庁のホームページ（https://www.nta.go.jp/）に「確定申告書作成コーナー」というサイト（e-TAX、国税電子申告・納税システム）があり、こちらに直接入力することで申告書を作成できます。

難しい用語の説明がありますので、確定申告が初めての人でも使いやすいでしょう。本人確認など必要な手続きを行えば、確定申告の提出もネットで完結します。税務署に行かずとも確定申告を終わらせることは可能ですが、仮想通貨に関する確定申告は、解釈がまだ明確に決まっていないことから、ネット上で必要項目を記入したあと、プリントアウトし税務署を訪問し、書き方について細かくアドバイスを受けるといいでしょう。提出したあとで税務署からお呼びがかかり、修正申告が必要になる可能性がありますので、慎重に進めたほうがいいかもしれません。

確定申告において、ネックになると思われるのは、「仮想通貨取引に関する売買の履歴」です。取引所によっては、ネット上で月末時点の残高が確認できますが、過去の売買履歴をユーザー自身がダウンロードしなくてはいけないかもしれません。わからない場合は、自身で仮想通貨取引所に直接確認する必要があります。利用している仮想通貨取引所が売買履歴をダウンロードしなければならないシステムであれば、年末から確定申告の時期にかけて、納税に関する問い合わせが殺到すると思いますので、問い合わせは早目のほうがいいでしょう。

また、**確定申告のシーズンが到来すると、税務署が大変混み合うので、余裕を持って確定申告の準備を行い、できるだけ早めに申告書を作成することをおすすめします。**

平日の日中は仕事があって、税務署へ相談に行けない人のために、確定申告時期に一部税務署は休日開庁を行いますので、最寄りの税務署が休日開庁を実施するかホームページで確認しておきましょう。

確定申告の種類を提出し修正申告がなければ、1カ月ほどで納める税金額が確定します。このとき、払いすぎた税金は還付金という形で登録の金融機関に振り込まれます。

なお、e-TAXで電子申告した場合、3週間ほどで確定申告が終わりますが、税務署に確認して提出したほうがいいでしょう。

◆仮想通貨は日本会計制度上、どう処理されるのか？

日本の会計基準を策定する企業会計基準委員会（ASBJ）は、2017年10月上旬に開催された会合において、急速に広がる仮想通貨に関する会計ルールの原案をようやく示しました。

外貨と同じように仮想通貨を時価で評価し、期末に簿価との差額を損益として計上することとしています。仮に企業が保有する仮想通貨の価格が急落した場合は、期末に損失計上します。

そして、原案を発表してから約2か月後の同年12月6日に仮想通貨の会計処理などのルール案を公表しました。公表後の約2カ月間、意見を公募して会計処理の方法を詰めていくとしています。

そのルール案の内容を見ると、基本的には原案から大きな変更はなく、原則的に仮想通貨は期末に時価評価し、価格変動に合わせ損益を計上し、２０１９年3月期から企業に適用する方針を示しています。

具体的には、取引所が顧客から預かっている仮想通貨については、貸借対照表の資産に計上するとともに、同額の負債を計上することとなりそうです。

時価に関しては、最も頻繁に利用している取引所の価格をベースに算出し、損益計算書には、「仮想通貨運用損益」という項目が誕生するとの見方です。

企業が仮想通貨技術を使った資金調達（ＩＣＯ＝イニシャル・コイン・オファリング）した場合に、どのような会計処理を行うかなど、細部まで詰めた会計基準のベースができて会計基準が明確に決まるまで、少なくても数カ月から1年以上はかかると思われますが、会計基準の整備が進めば、法人が積極的に仮想通貨を保有するケースも増えると考えます。法人ですから投資の側面よりは、決済としての需要のほうが多くなるでしょう。

法制度、税制度、そして、会計制度と明確にしないといけないハードルはさまざまですが、こうした制度面を一つひとつ確認していけば、仮想通貨を利用する法人の増加につながると考えています。

コラム⑤

仮想通貨で納税可能な時代はくるのか？

仮想通貨は投資だけではなく決済で使用することも可能となっています。値動きの大きさを考えますと投資の側面が大きいことは間違いないですが、仮想通貨を利用したさまざまな取り組みは進んでいます。

私は仮想通貨での納税が可能となる時代が来ると考えています。納税可能という状況は、仮想通貨が法定通貨と肩を並べたといっても過言ではないでしょう。仮想通貨の最終段階がまさに納税可能という出来事ではないかと思います。

そのようななか、スイスのキアッソという町で、2018年1月よりビットコインによる納税の受付を開始します。人口わずか8000人ほどのスイス最南端の町ですが、この事例はスイスで2例目なのです。

じつは、同じくスイスのツークという町では、2016年7月からビットコインの納税受付を導入しています。この町は仮想通貨関連の企業やプロジェクトを率先して受け入れており、「クリプト・バレー」と呼ばれています。さすが金融立国スイスです。ほかの先進国と比べると、仮想通貨の世界で実体経済における導入のスピードが頭一つ抜けています。

スイスはプライベートバンクで有名です。しかし、２００９年にスイス政府が、スイスのチューリッヒに本拠地を置く世界最大級の金融グループＵＢＳの米国人口座の情報を米国に情報提供することに同意したことをきっかけに、その秘匿性で名をはせたプライベートバンクシステムは崩壊しました。そういった経緯を持つスイスが、仮想通貨の世界で一歩進んだ展開を見せるのは、金融立国としての復権をかけた動きなのでしょうか？

第5章

値上がりが期待できる仮想通貨カタログ

1 ビットコイン以外にもまだまだある魅力的な仮想通貨

◆約1400種類の仮想通貨から32通貨を紹介

仮想通貨は日々増え続けており、2018年1月10日現在、『CoinMarketCap（https://coinmarketcap.com/）』によると、約1400種類が取引されています。ここでは、そのうちの主要32仮想通貨について説明していきます。

安全性、成長性、流動性について、フィスコ仮想通貨取引所が、独自に1～5（数字が大きいほど評価が高い）で5段階評価をして、総合評価は、S、A、B、C、Dで5段階評価しています。

2018年1月現在、このあと紹介する32の仮想通貨のすべてを、日本の仮想通貨取引所で取引できるわけではありません。取引できるのは、以下の14通貨です。

・ビットコイン（BTC、124ページ）

・イーサリアム（ETH、125ページ）
・ビットコインキャッシュ（BCH、126ページ）
・リップル（XRP、127ページ）
・ライトコイン（LTC、128ページ）
・ネム（XEM、129ページ）
・ダッシュ（DASH、130ページ）
・モネロ（XMR、131ページ）
・イーサリアム・クラシック（ETC、133ページ）
・リスク（LSK、138ページ）
・ジーキャッシュ（ZEC、140ページ）
・オーガー（REP、152ページ）
・モナコイン（MONA、154ページ）
・ファクトム（FCT、155ページ）

日本の仮想通貨取引所で取り扱いがない仮想通貨でも、海外の仮想通貨取引所でも取引可能です。興味がある人は海外の仮想通貨取引所に口座を開いてもいいかもしれません。

他の追随を許さない仮想通貨の絶対王者

ビットコイン

Bitcoin

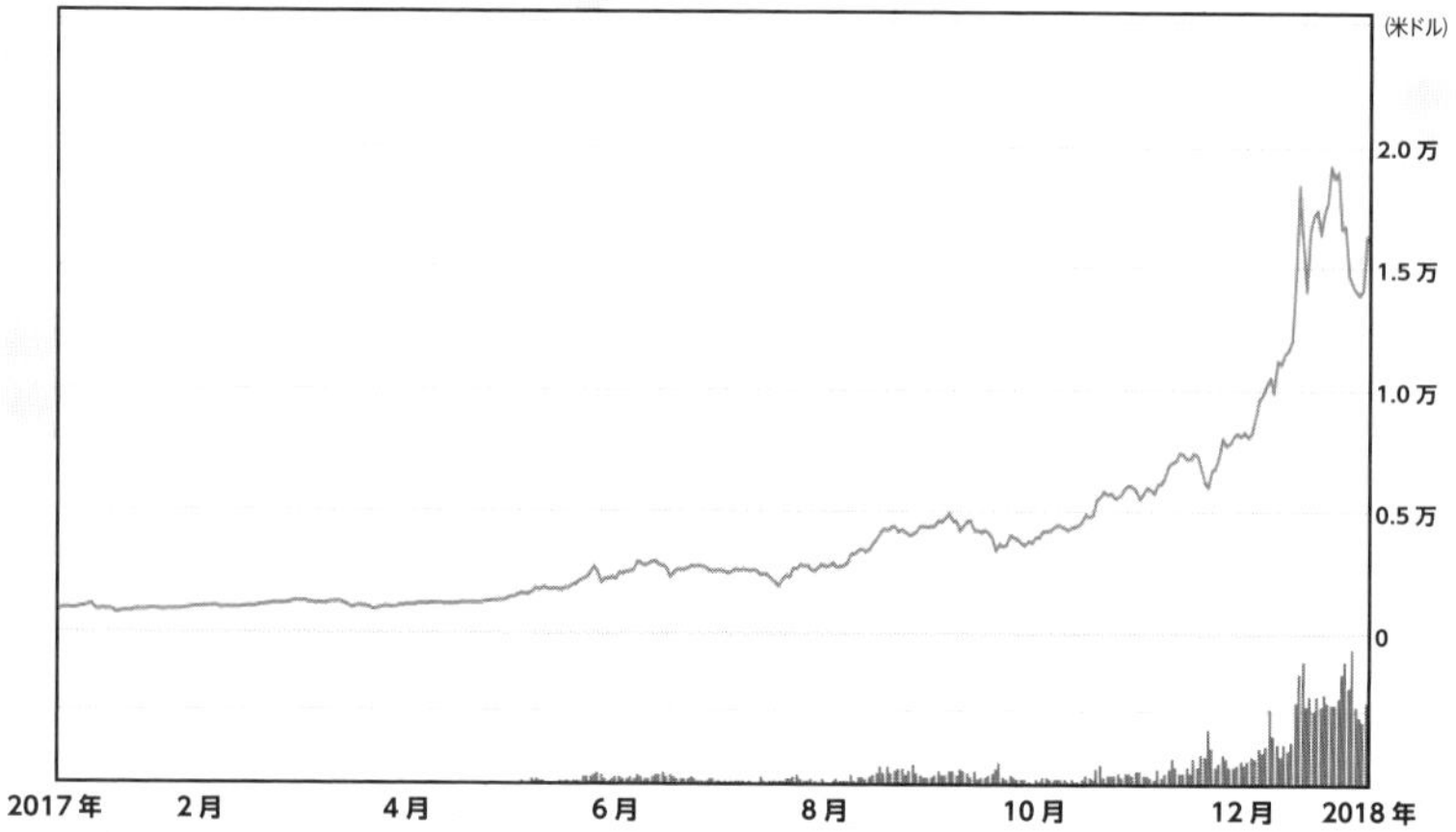

価格 (2017年12月27日現在) **1BTC=190万2,486円**

仮想通貨の概要

もっとも最初に実用化された仮想通貨。仮想通貨市場全体に占める時価総額シェアは2017年時点で第1位。ブロックチェーンという基盤技術を用いることで、通貨の発行や運営に中央管理体を必要とせず、プログラムコードによってのみ運営される。仮想通貨という名前の通り電子的な記録で、パソコンやスマートフォン上で利用する。

通貨単位	BTC、satoshi
発行上限	21,000,000BTC
時価総額(2017年12月27日現在)	31兆8,956億円

安全性	成長性	流動性	総合ランク
5	5	5	S

アルトコインの代表格 ビットコインに次ぐ時価総額2位

イーサリアム

Ethereum

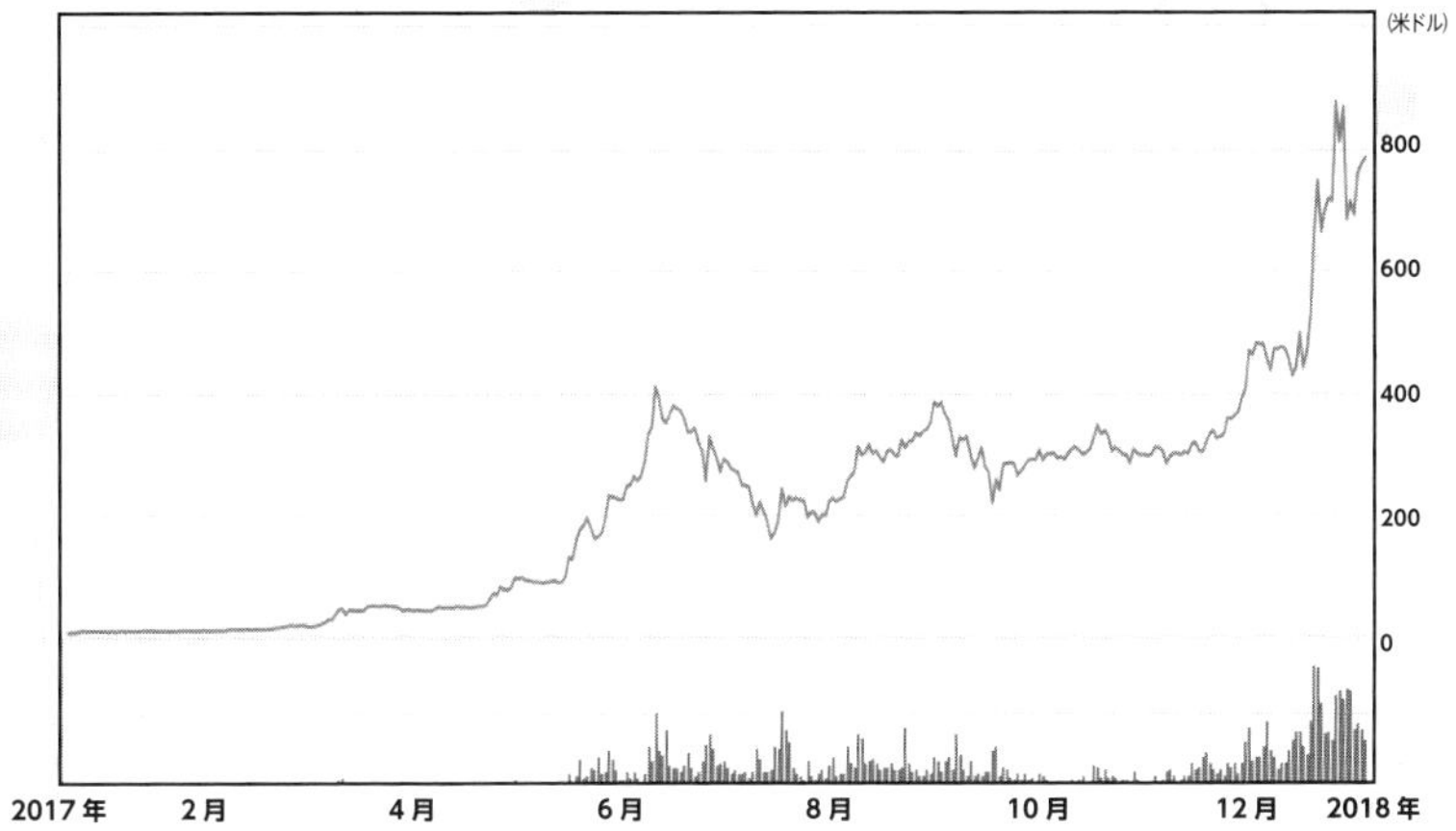

価　格
(2017年12月27日現在)
1ETH=8万9,148円

仮想通貨の概要

ビットコインに次いで2017年時点で仮想通貨市場の時価総額シェア第2位を占める。スマートコントラクト（契約自動化）によって非中央集権型・分散型アプリケーションを作成するためのプラットフォーム。2017年、イーサリアムを利用したプロジェクトが多数ICO（クラウドセール）で多額の資金を調達していることが注目されている。

通貨単位	ETH
発行上限	未定
時価総額 (2017年12月27日現在)	8兆6,113億円

安全性	成長性	流動性	総合ランク
4	5	5	A

ビットコインが分岐して生まれた新しい仮想通貨

ビットコインキャッシュ

Bitcoin Cash

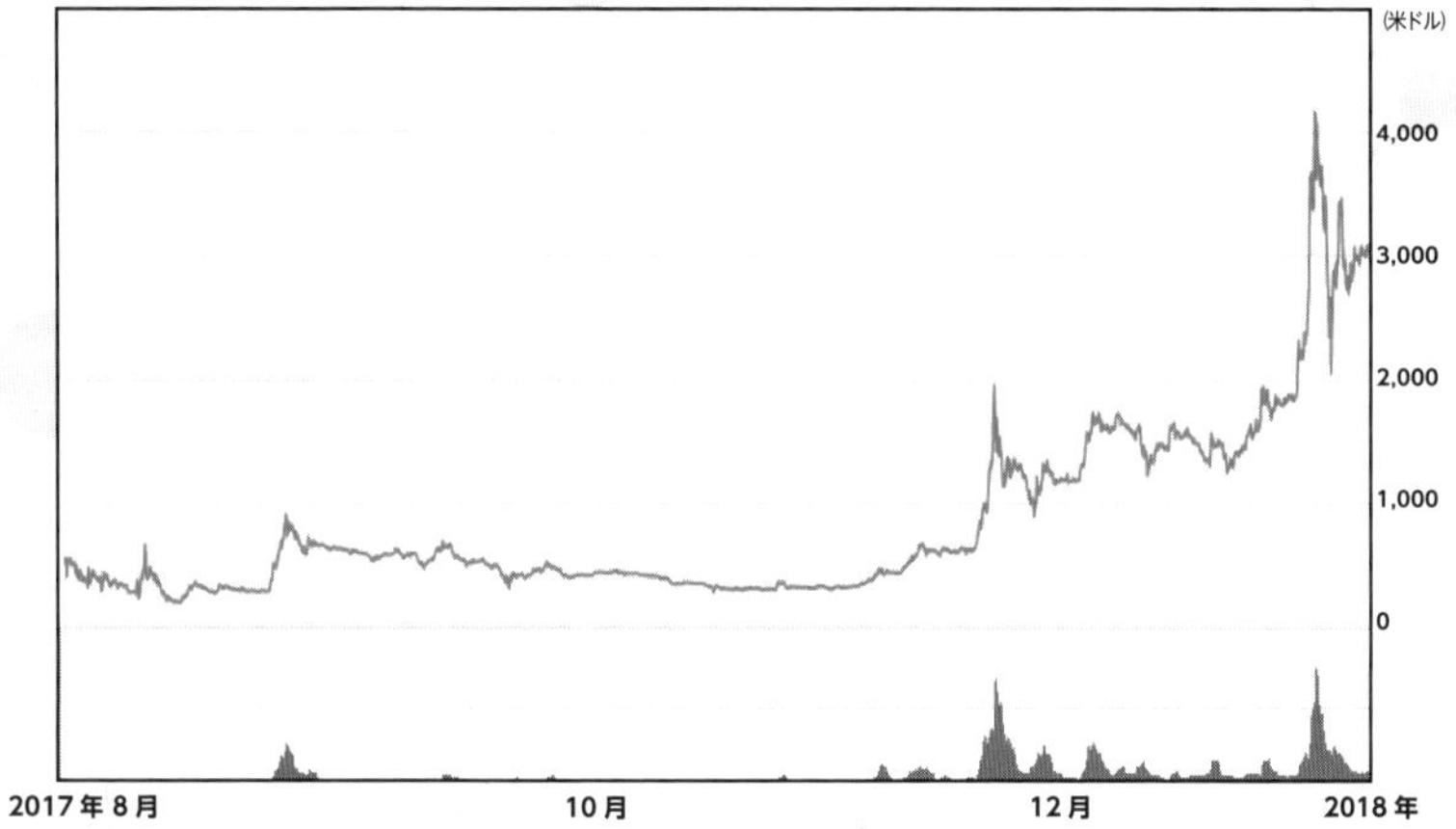

価　格
(2017年12月27日現在)
1BCH=34万4,101円

仮想通貨の概要

2017年8月にビットコインから分岐して誕生した新たなコイン。ビットコインとの違いは、ブロックサイズ（取引データの一定期間の格納容量）をより大きくすることで、ビットコインの取引処理能力をより高めようとするという点。

通貨単位	BCHまたはBCH
発行上限	21,000,000BCH
時価総額(2017年12月27日現在)	5兆8,078億円

安全性	成長性	流動性	総合ランク
3	3	4	B

世界中の銀行と提携を結ぶ決済機能に優れた仮想通貨

リップル

Ripple

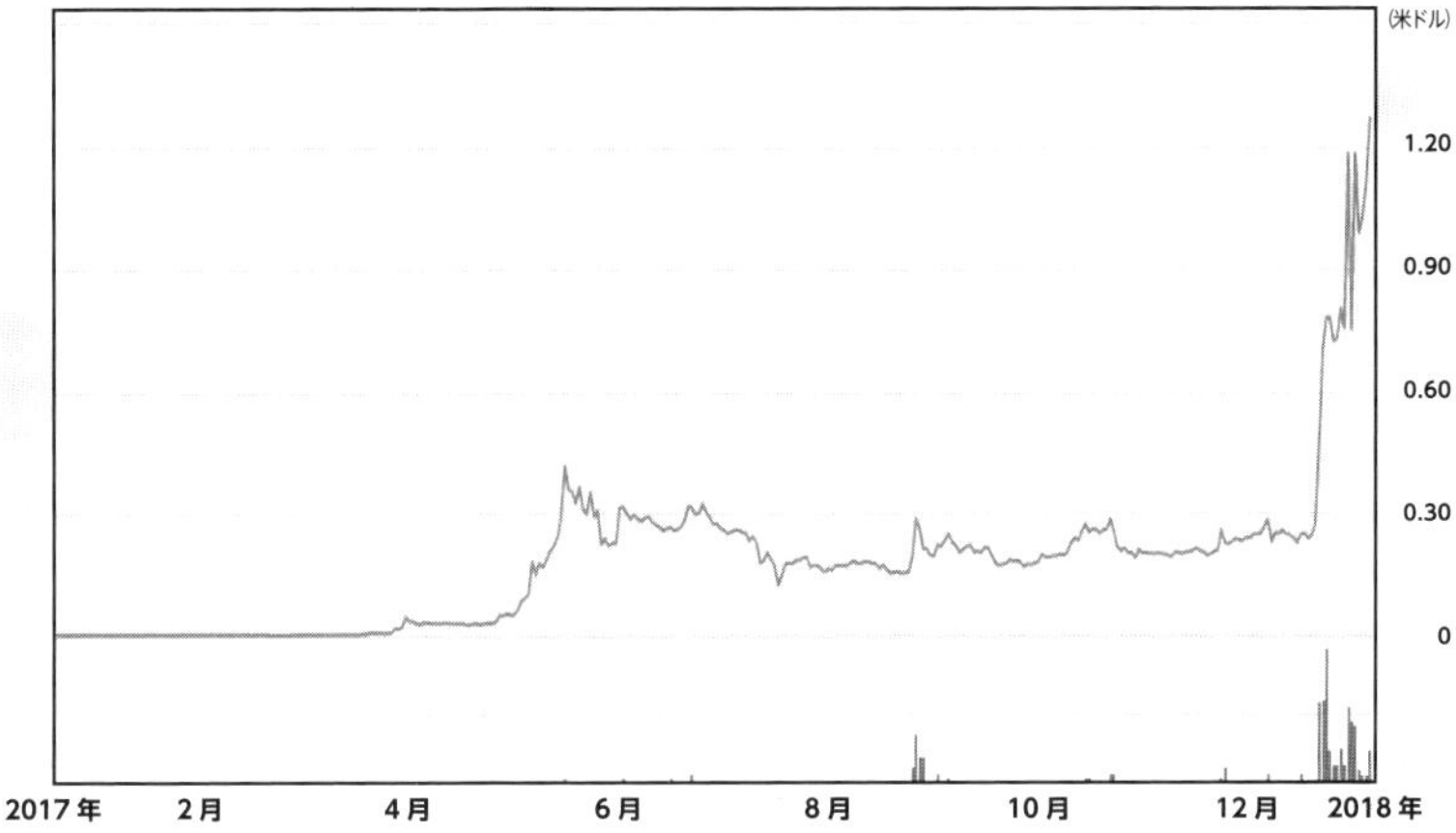

価　格（2017年12月27日現在） **1XRP=143.79円**

仮想通貨の概要

2017年時点で仮想通貨市場の時価総額シェア第3位を占める。外国為替送金、即時グロス決済のためのシステム。分散化されたネットワーク上で高速・安価な送金やトレードを実現することが目的。既存の金融機関の仕組みに近く円、ドル、ユーロやビットコインなどをリップルのプラットフォームで送金、トレードすることが可能。

通貨単位	XRP
発行上限	38,739,144,847XRP
時価総額（2017年12月27日現在）	5兆5,703億円

安全性	成長性	流動性	総合ランク
4	4	4	A

ビットコインが「金」、ライトコインは「銀」と言われることも

ライトコイン

Litecoin

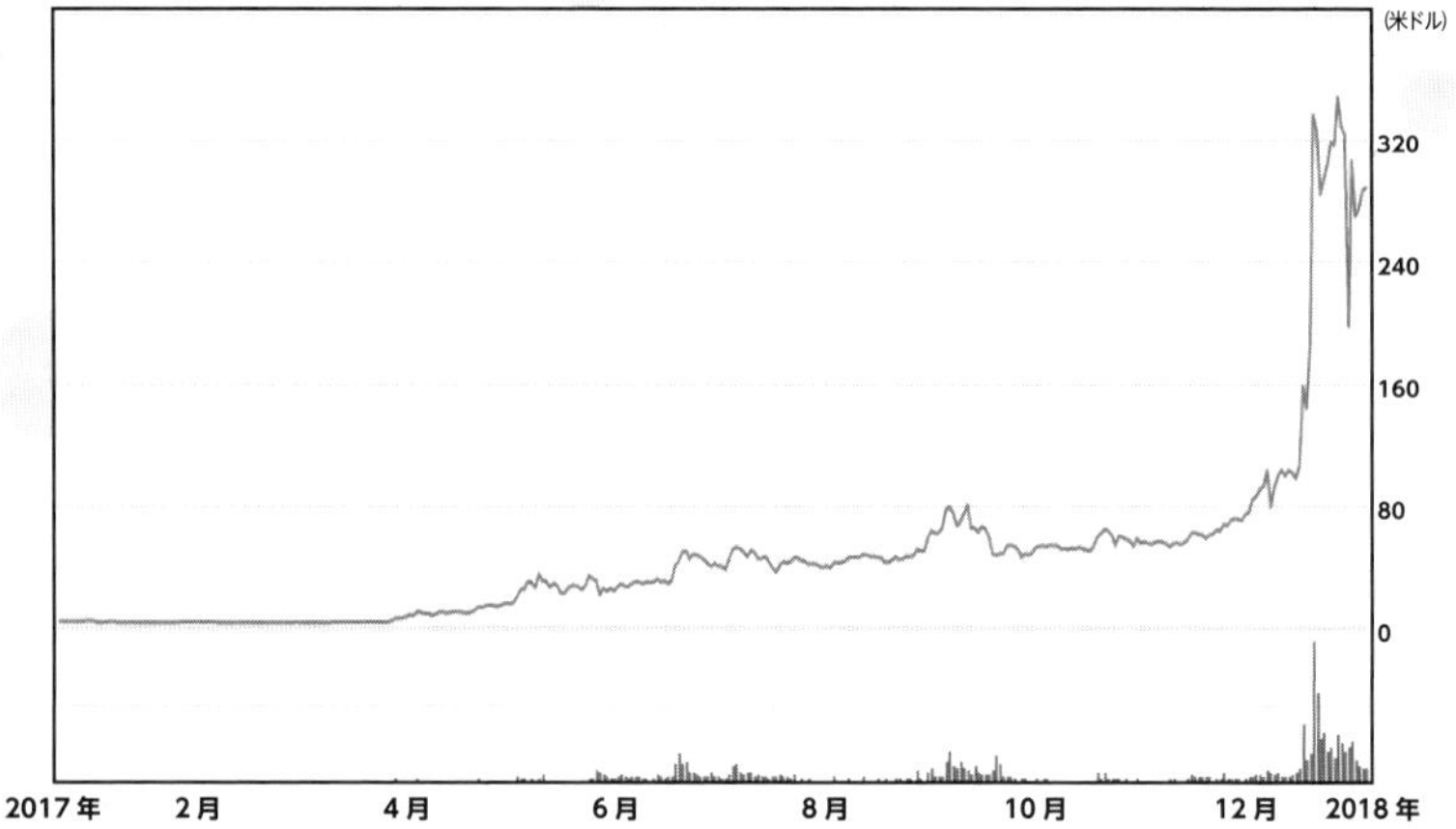

価格（2017年12月27日現在） **1LTC＝3万2,642円**

仮想通貨の概要

ビットコインのプログラムを元に、ビットコインの送金スピードの問題を解決するために開発された。ビットコインと基本的な性質は同じだが、発行上限がビットコインの4倍で、送金スピードも約4倍であるなどの違いがある。ビットコインより軽量な通貨として、しばしばビットコインは金（ゴールド）、ライトコインは銀（シルバー）とたとえられる。

通貨単位	LTC
発行上限	84,000,000LTC
時価総額（2017年12月27日現在）	1兆7,787億円

安全性	成長性	流動性	総合ランク
4	4	4	A

新しい経済圏の創出を目標とする仮想通貨

NEM

NEM

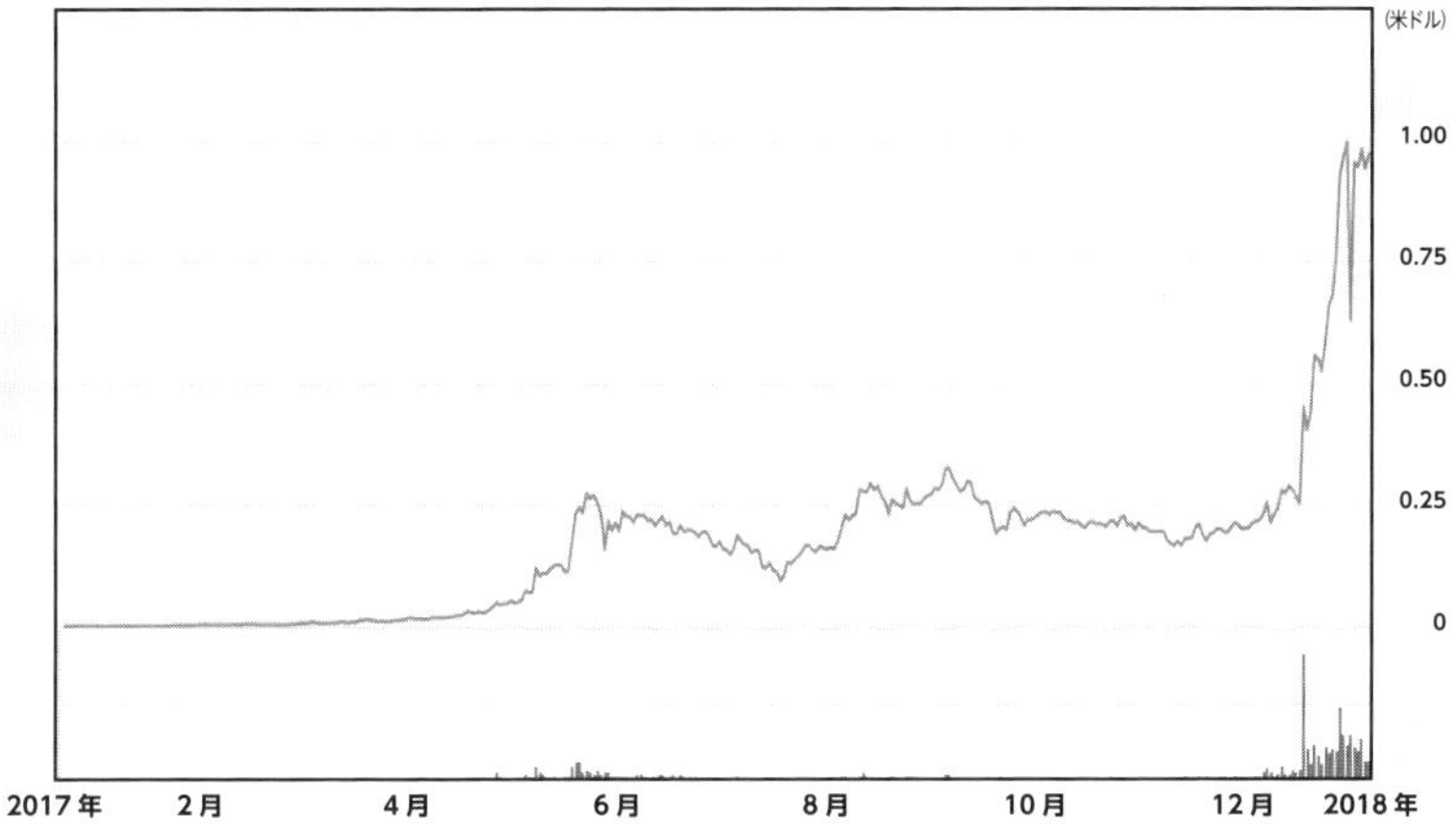

価　格
(2017年12月27日現在)
1XEM=109.81円

仮想通貨の概要

資産をより多く持つものに権益が偏ることのない新しい経済圏をつくるという理想を掲げたプロジェクト。New Economy Movementの頭文字を取ってNEMという。単にネットワーク内の資産の保有量が多いだけでなく、取引量が多い、信用度が高いなどの指標で個人の重要度(Importance)が決まるというシステム。

通貨単位	XEM(ゼム)
発行上限	8,999,999,999XEM
時価総額(2017年12月27日現在)	9,883億円

安全性	成長性	流動性	総合ランク
4	4	3	B

以前はダークコインと呼ばれ、匿名性に特徴がある仮想通貨

ダッシュ

DASH

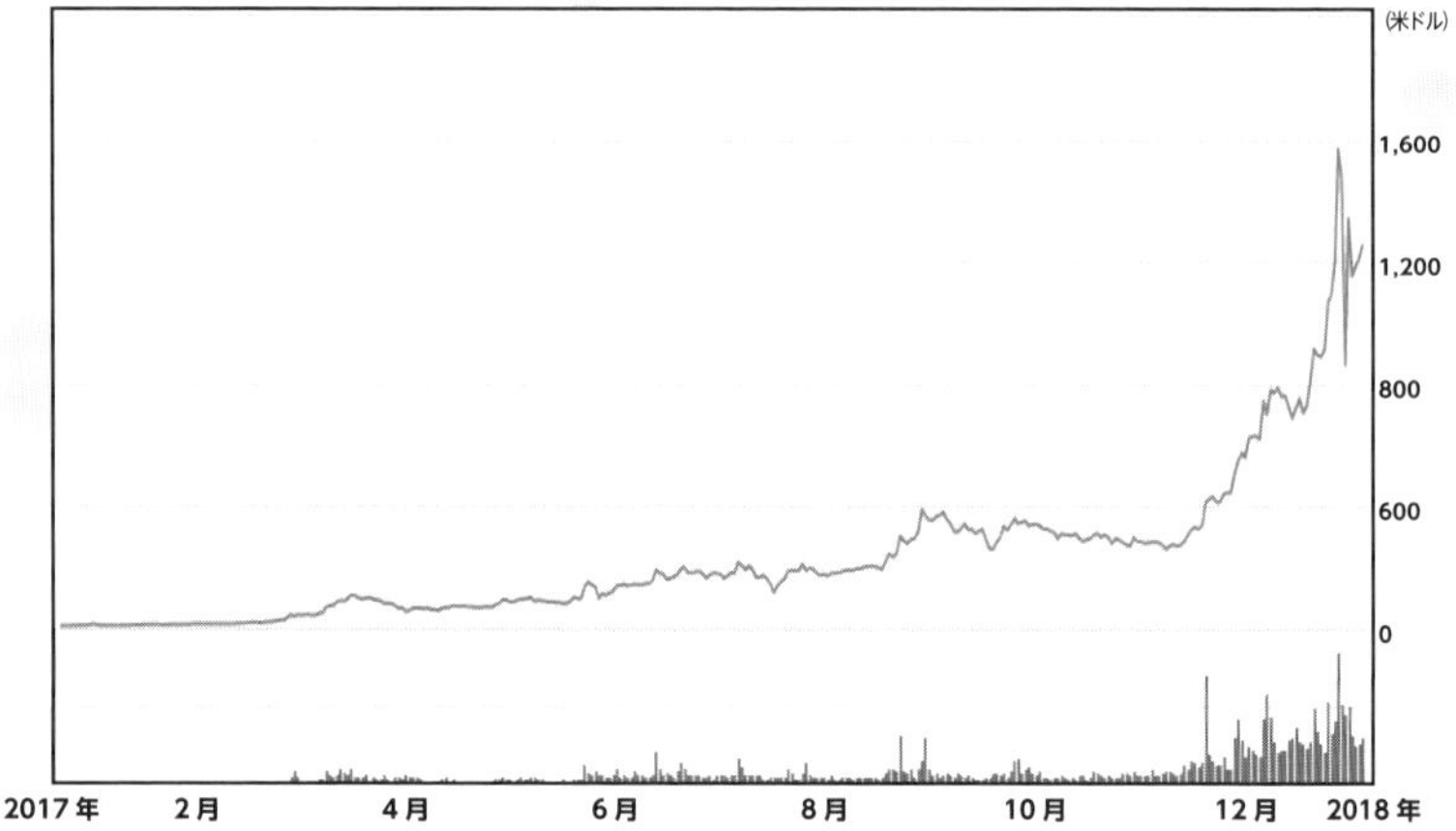

価格（2017年12月27日現在） **1DASH＝14万1,816円**

仮想通貨の概要

誰のコインが誰にわたるのかがわからない匿名性の高さと即時取引に特化したコイン、旧名ダークコイン（Darkcoin）。ダークセンド（Darksend）と呼ばれる方法で、送金時に送金元から送金先へとコインが渡る前に一度コインをシャッフルさせることで匿名性を保つ仕組み。また、Instant Xという瞬時に取引を完了させるための機能も備える。

通貨単位	DASH
発行上限	18,900,000DASH
時価総額（2017年12月27日現在）	1兆1,029億円

安全性	成長性	流動性	総合ランク
4	4	3	B

ビットコインよりも優れた高い匿名性が特徴

モネロ

MONERO

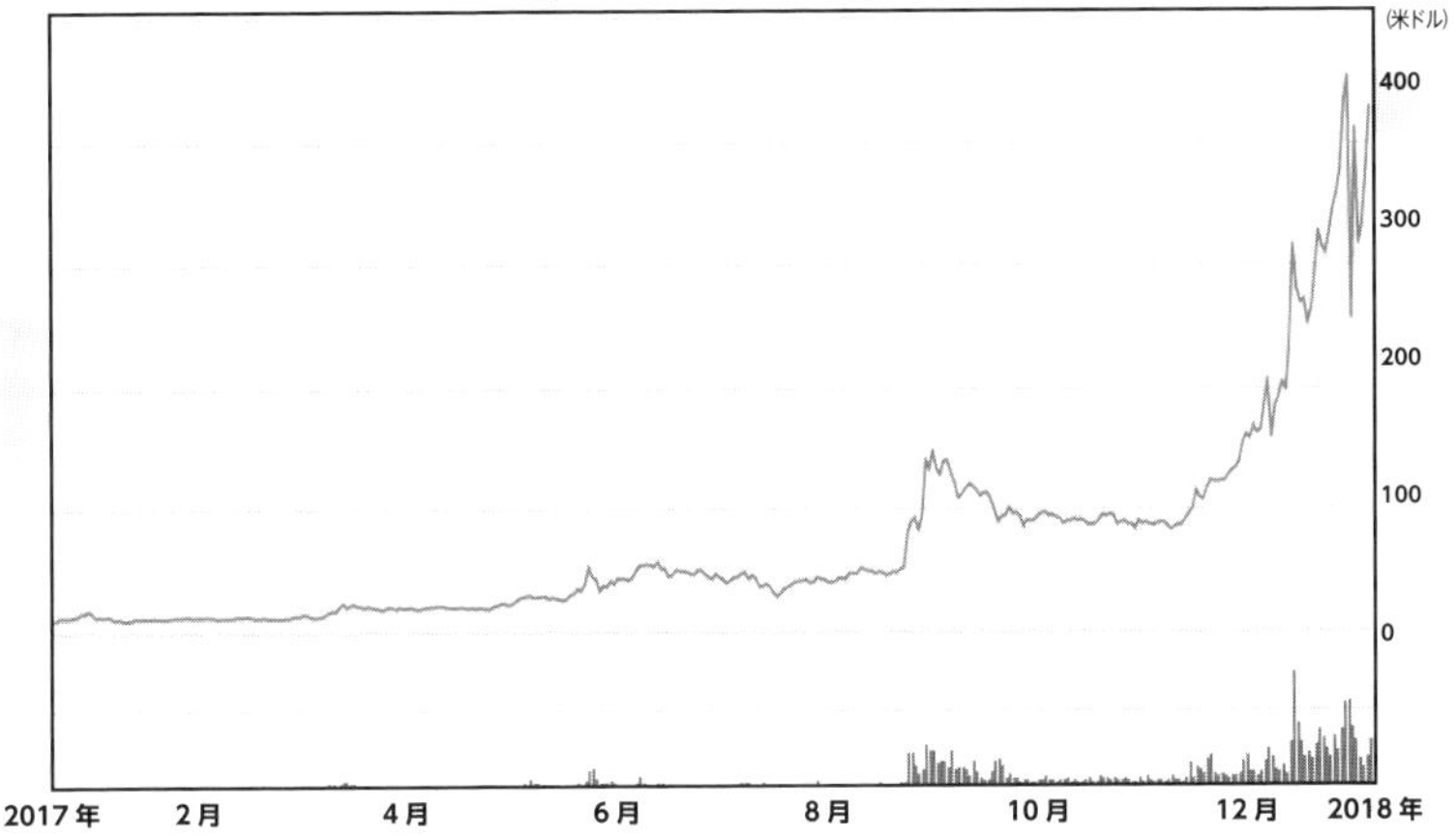

価　格
(2017年12月27日現在)
1XMR=4万8,373円

仮想通貨の概要

DASHと同様匿名性のコイン。とくに「リング署名」という技術で注目される。ビットコインのプログラムを参照せず、CryptoNoteという匿名性に特化したプロトコルに基づく実装。これはリング署名という技術で、特定の個人と取引履歴が結びつかないようにするもの。また、ビットコインと異なり誰もがブロックチェーンで取引履歴を閲覧できるような仕組みになっていない。

通貨単位	XMR
発行上限	18,400,000XMR
時価総額(2017年12月27日現在)	7,511億円

安全性	成長性	流動性	総合ランク
4	3	4	B

上場してわずか3か月で、一気に時価総額トップ10入り

アイオータ

IOTA

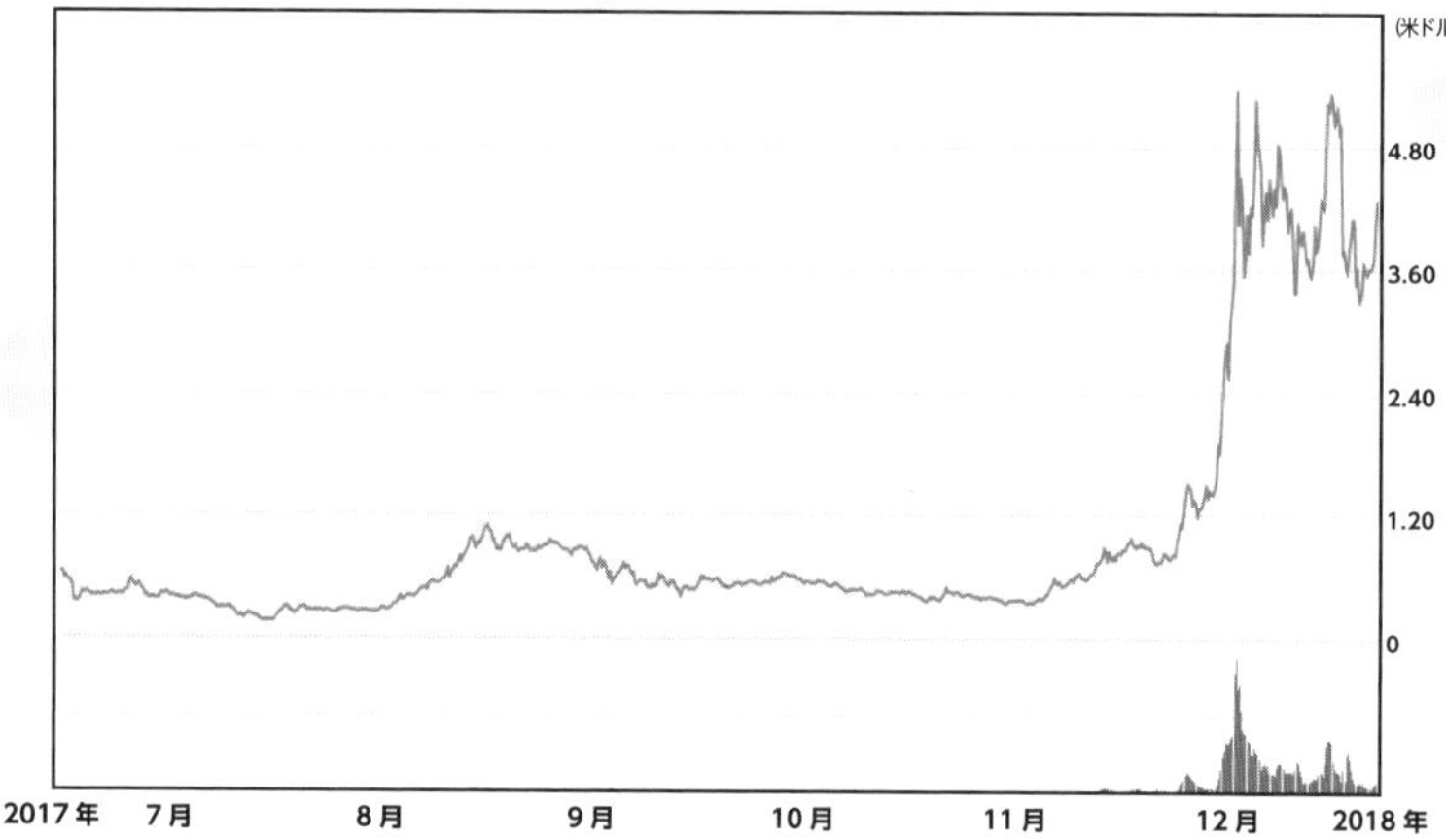

価格(2017年12月27日現在) **1MIOTA=482.86円**

仮想通貨の概要

上場してわずか3か月だが、時価総額は一気にトップ10入りした。IoT（Internet of Things, あらゆるモノをインターネットと接続することで効率性を追求する）に使われることを前提とした仮想通貨で、ビットコインなどの他の仮想通貨と異なり量子コンピューティング耐性があるほか、送金手数料無料などの特徴がある。

通貨単位	MIOTA
発行上限	2,779,530,283MIOTA
時価総額(2017年12月27日現在)	1兆3,421億円

安全性	成長性	流動性	総合ランク
3	4	3	B

現在のイーサリアムと分岐した元祖イーサリアム

イーサリアムクラシック

Ethereum Classic

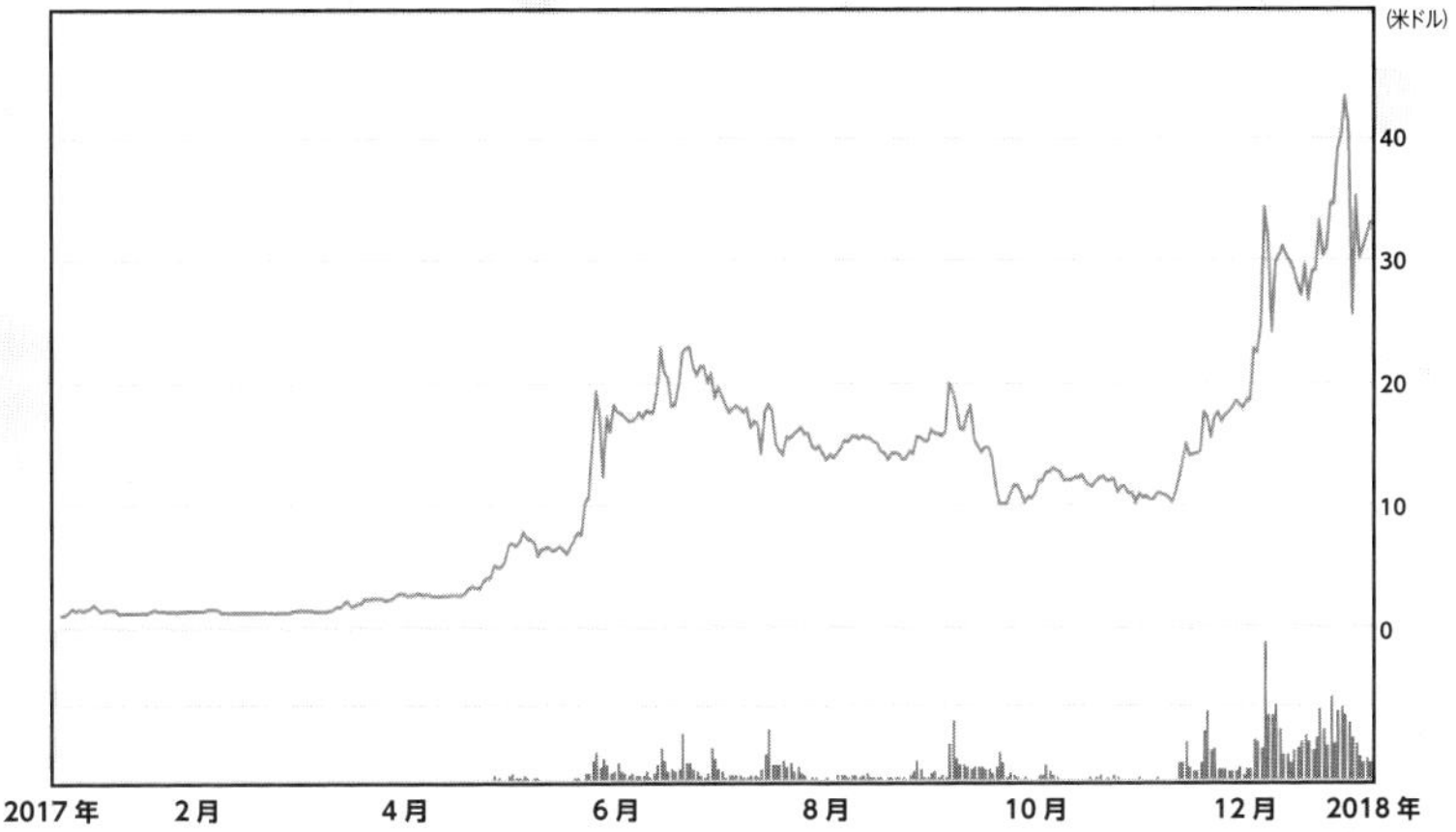

価格（2017年12月27日現在）　**1ETC=3,732.2円**

仮想通貨の概要

イーサリアムがとある事件をきっかけに分岐した際、分岐前の形を維持することを選んだ側のコイン。イーサリアムと性質はほぼ同様だが、イーサリアムはEthereum Foundationという組織の下でロールバック等の方法を辞さないのに対して、イーサリアムクラシックはビットコイン同様あくまでコードに従う姿勢を示す。

通貨単位	ETC
発行上限	未定
時価総額（2017年12月27日現在）	3,682億円

安全性	成長性	流動性	総合ランク
3	2	4	D

日本の大手金融機関も出資しているタイ発の仮想通貨

オミセゴー

OMISE GO

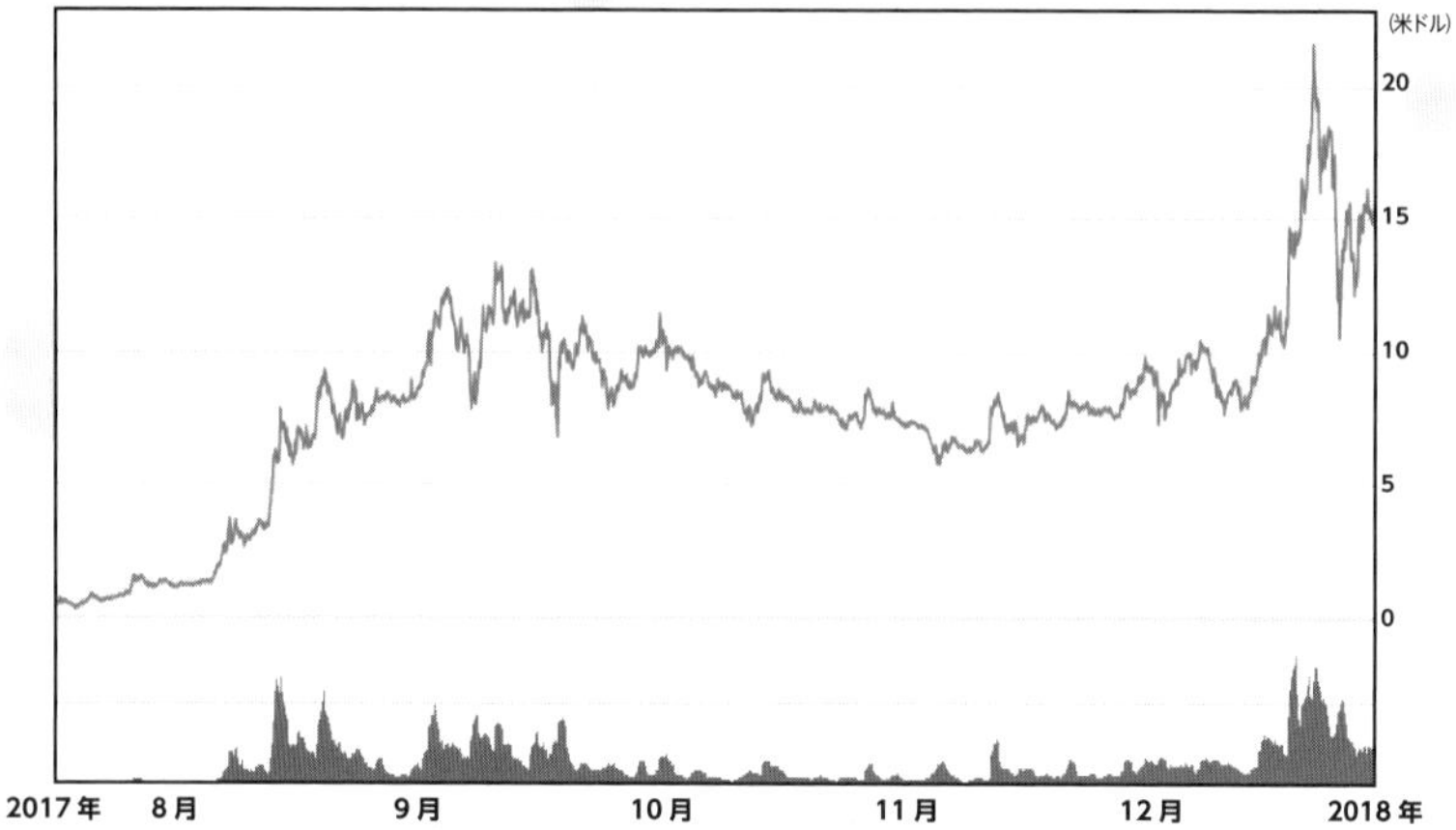

価格
(2017年12月27日現在)

1 OMG＝1,780.7円

仮想通貨の概要

タイで複数の決済ネットワークをつなげるスタートアップとして勢いのあるOmiseプラットフォームのトークン。マクドナルドとOmiseGOのタイアップがあるなど、タイから徐々に展開している。SBIや三井住友などの日本の大手金融も出資している。アドバイザーはイーサリアムの創設者であるVitalikが務める。

通貨単位	OMG
発行上限	102,042,552OMG
時価総額 (2017年12月27日現在)	1,817億円

安全性	成長性	流動性	総合ランク
4	3	4	B

旧ANTShares。中国版イーサリアムと呼ばれる

ネオ

NEO

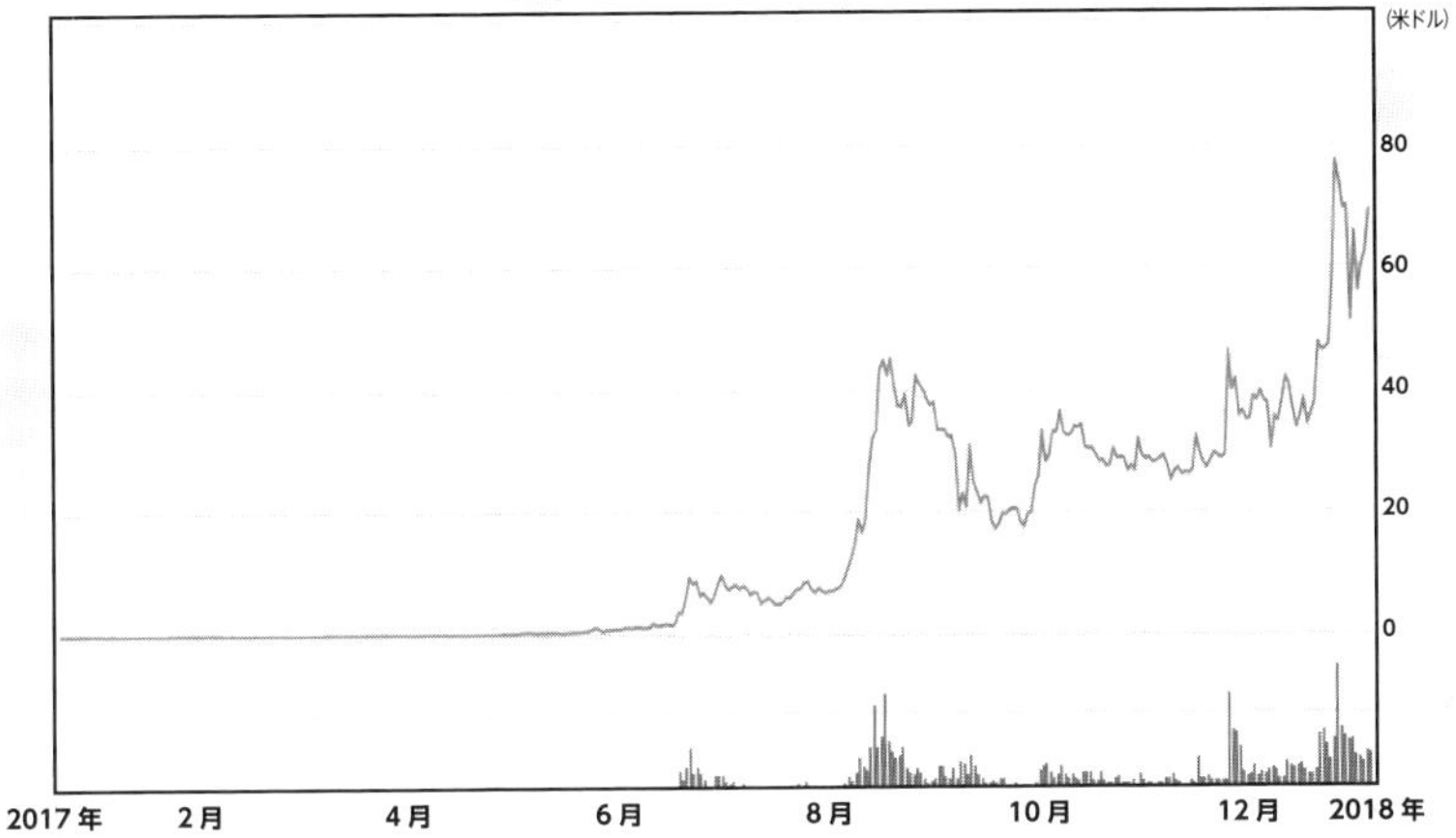

価　格 (2017年12月27日現在) **1NEO=7,934.9円**

仮想通貨の概要

もともと、ANTSharesという中国発のコインだったものが改名した。プロジェクト自体は中国版のイーサリアムのような存在で、分散型アプリケーションを作成するためのもの。母体であるOnchainというスタートアップはマイクロソフトやアリババと提携している。ETH同様、分散型アプリを量産するプラットフォームになれば価値が上がる可能性。ただ、中国のICO規制の影響をどこまで受けるかが不安要素。

通貨単位	NEO
発行上限	65,000,000NEO
時価総額 (2017年12月27日現在)	5,157億円

安全性	成長性	流動性	総合ランク
3	4	4	C

成果報酬をあおる点などを問題視する声が多い

ビットコネクト

Bit Connect

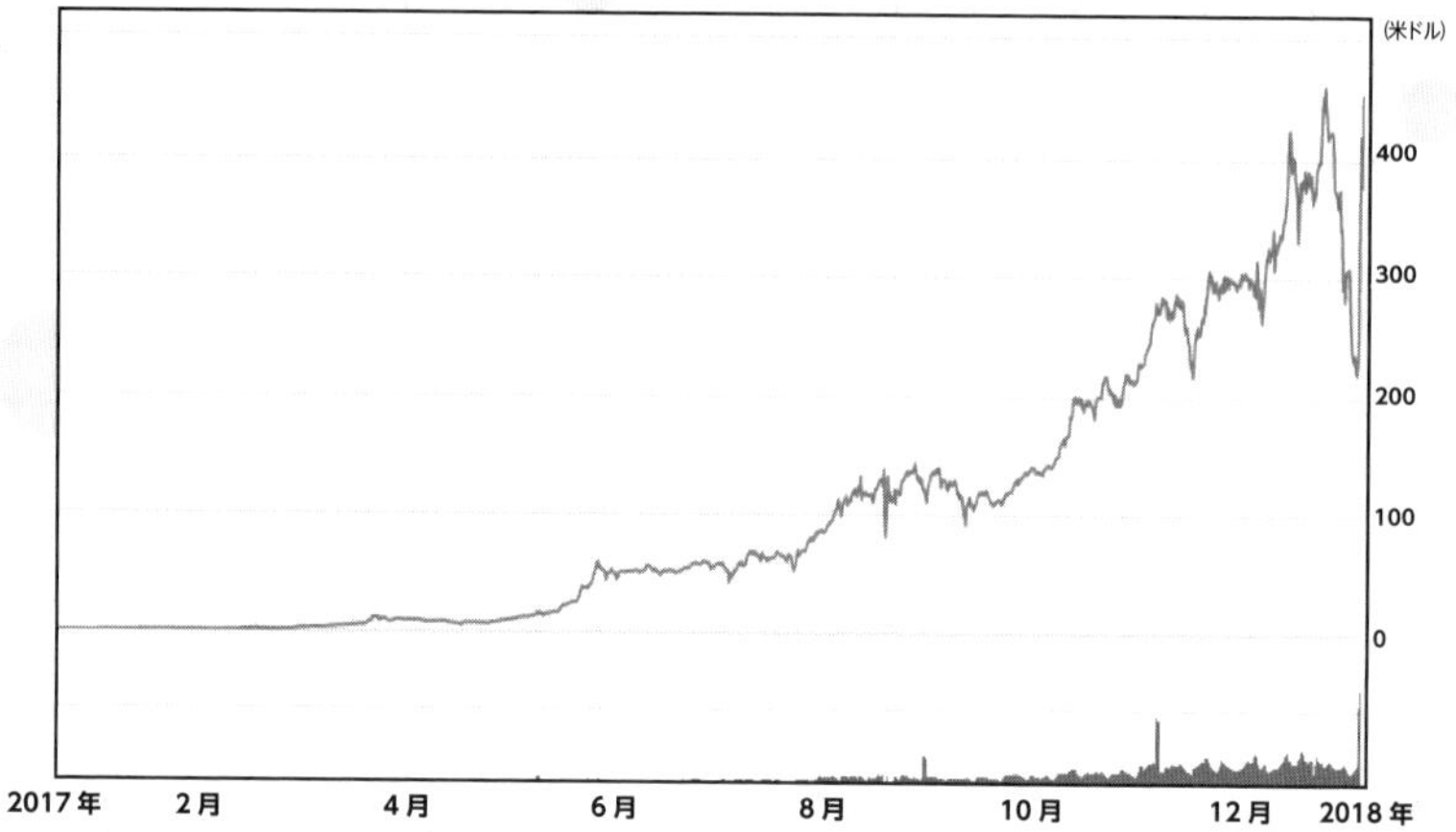

価格
(2017年12月27日現在)
1BCC=5万1,378円

仮想通貨の概要

本家サイト内（bitconnect.co）で保有することによる金利を得たり、貸し出して利子を得たりする仕組みをもつ。またMLMで人を紹介すると報酬があるようである。コインの取引のほとんどもこのBitconnectサイト内で行われている。成果報酬をあおる点や、紹介による報酬がある点などを問題視する声も多いプロジェクト。

通貨単位	BCC
発行上限	28,000,000BCC
時価総額 (2017年12月27日現在)	3,094億円

安全性	成長性	流動性	総合ランク
1	2	1	E

世界4大監査法人の一角PwCが指導・サポートする

キュータム

Qtum

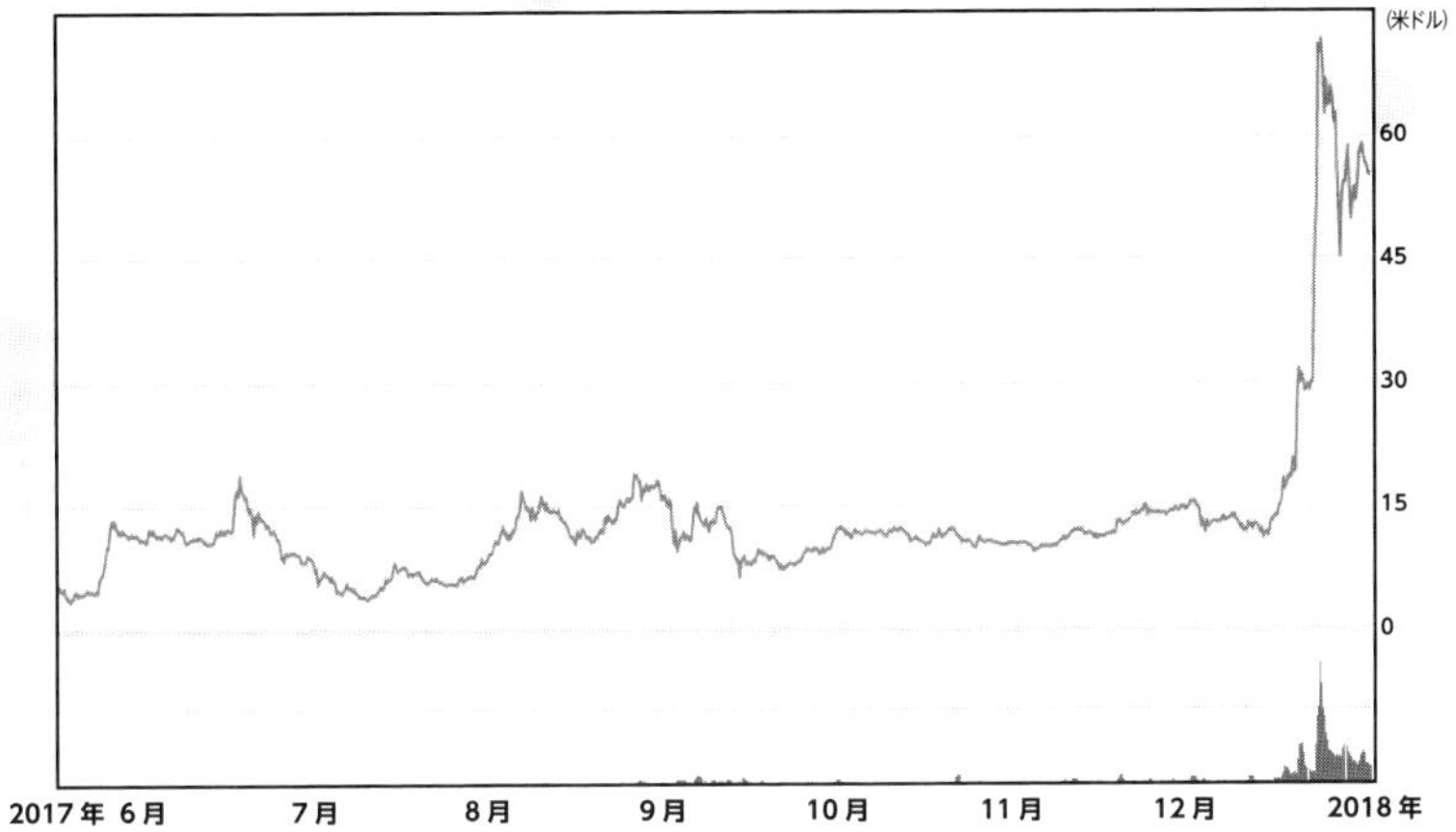

価格（2017年12月27日現在）　**1 QTUM=6,247.9円**

仮想通貨の概要

サプライチェーンマネジメント、通信、IoT、SNSでの活用を目指すプロジェクト。スマートコントラクトをビットコインのブロックチェーン上に置く。ライトウォレットというウォレット上で、すべての取引でなく自分のアドレス関連の取引のみ選ぶことができる。Qtum財団はシンガポールを拠点に大手監査法人PwCの指導とサポート下で設立された非営利組織。ガバナンスはしっかりしているとみられる。

通貨単位	QTUM
発行上限	73,762,984QTUM
時価総額（2017年12月27日現在）	4,608億円

安全性	成長性	流動性	総合ランク
3	4	4	B

日本の取引所でも取引できる、日本人にもなじみのあるコイン

リスク

Lisk

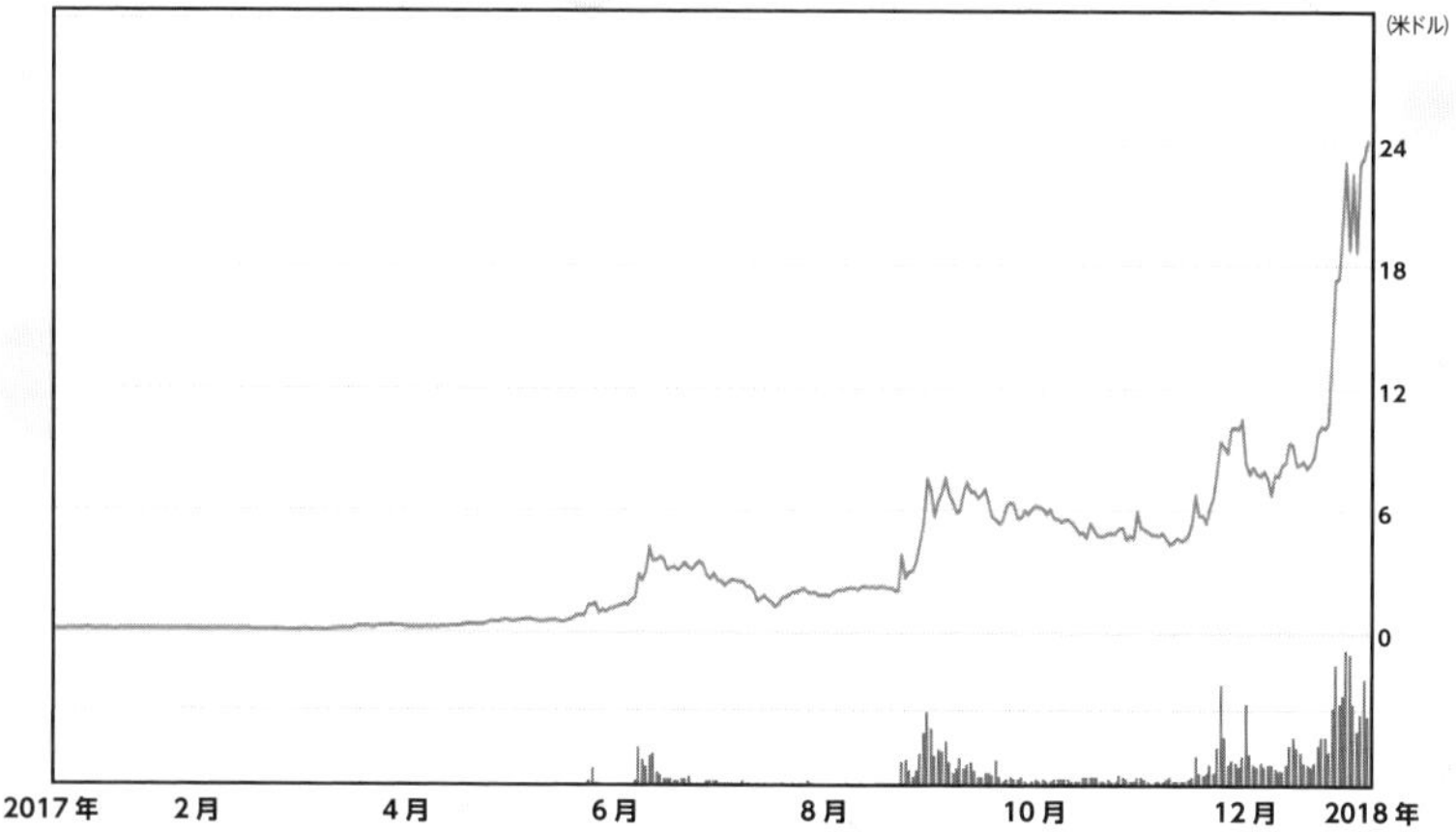

価格 (2017年12月27日現在) **1LSK=2,726.7円**

仮想通貨の概要

日本の取引所でも取り扱いがあり、日本人にも比較的知られたコイン。イーサリアムのように、分散型アプリケーションを作成するためのプラットフォーム。イーサリアムとの違いは、メインのブロックチェーンではなくサイドチェーン上でアプリケーションを実装することでデータ処理負荷を軽減させるよう設計されていること、Javascriptで開発できること。今後、言語がJavaであることがプラスになるか要注目。

通貨単位	LSK
発行上限	116,362,612LSK
時価総額 (2017年12月27日現在)	3,172億円

安全性	成長性	流動性	総合ランク
3	4	3	B

ETHやWAVESとの互換性があり、匿名性のある取引ができる

ストラティス

Stratis

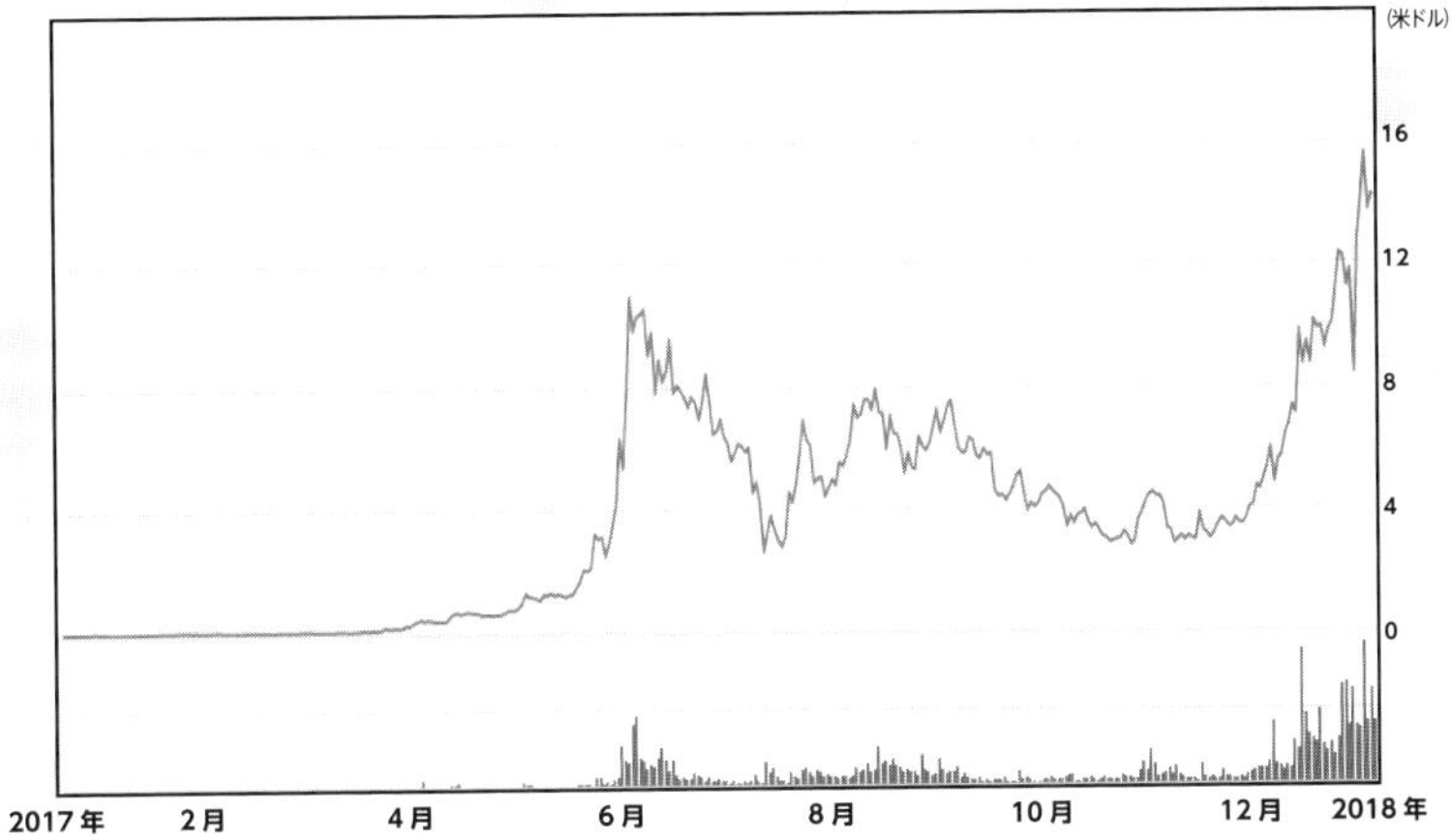

価格（2017年12月27日現在） **1START=1,602.8円**

仮想通貨の概要

イーサリアムやリスクなどと同様に、分散型アプリケーションを開発するためのプラットフォーム。C＃.NETでの開発が行える。ETHやWAVESなどとの互換性もある。独自の方法によって、匿名性コインを使用することなく匿名性のある取引を行うことができる。独自のスキームで匿名性を得ることで、ビジネスシーンでの活用を狙う。

現状、取引できる仮想通貨取所数まだ少ない。

通貨単位 START

発行上限 98,676,728START

時価総額（2017年12月27日現在） 1,581億円

安全性	成長性	流動性	総合ランク
3	3	2	B

「ゼロ知識証明」技術で、送金者や送金額を公開せずに取引可

ジーキャッシュ

Zcash

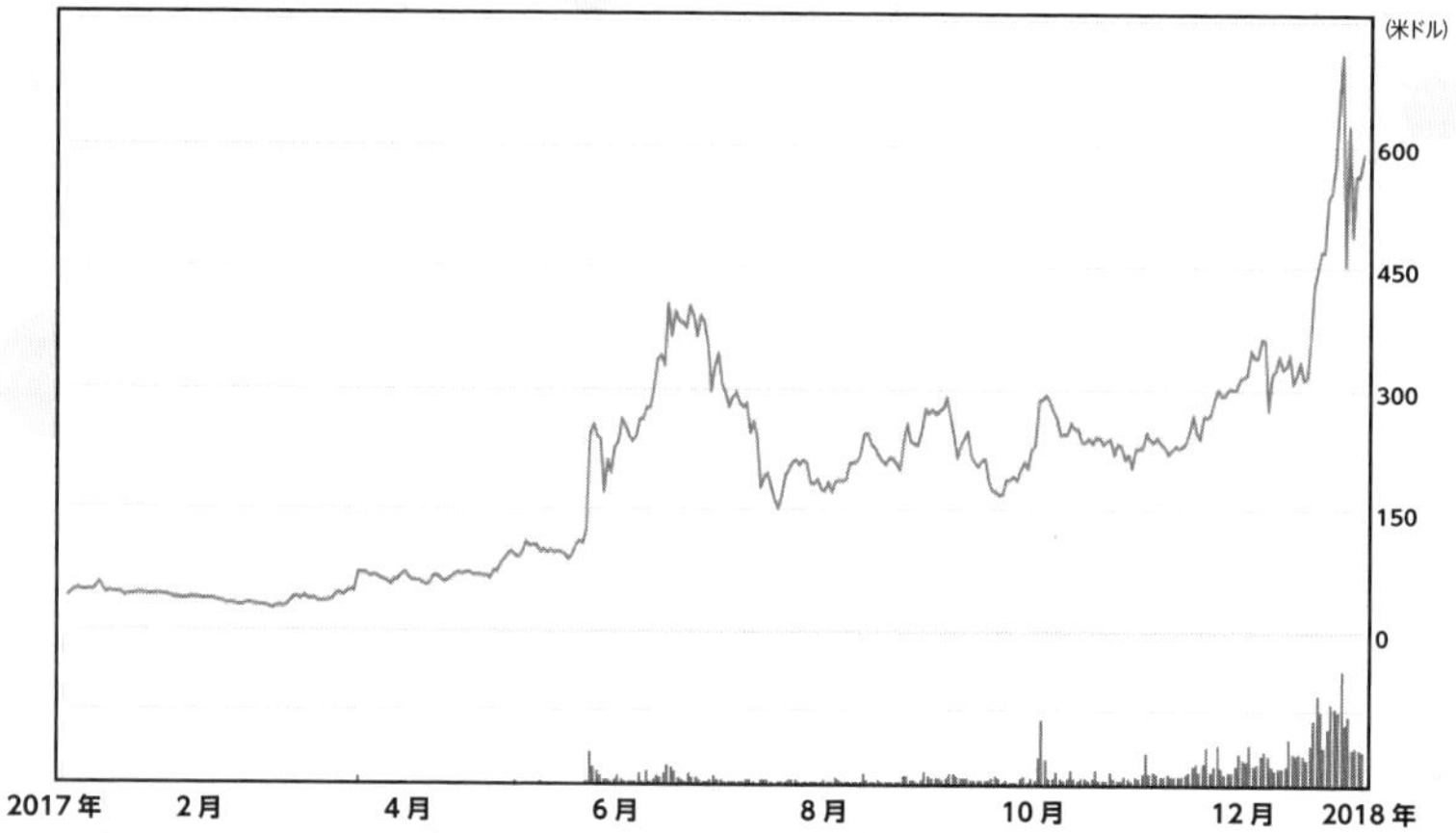

価格
(2017年12月27日現在)
1ZEC＝6万6,572円

仮想通貨の概要

DASH、モネロと同様匿名性のコインで、両仮想通貨と比較してもさらに匿名性は高いのではないかとみられている。特に「ゼロ知識証明」という技術で注目される送金額を公開しなくとも取引の有効性を確認することができる。これによって、取引内容はビットコイン同様に誰もが閲覧できるブロックチェーン上に記録されながらも匿名性を確保し、資産のやり取りを第三者にたどられることなく完了できる。

通貨単位	ZEC
発行上限	21,000,000ZEC
時価総額(2017年12月27日現在)	1,946億円

安全性	成長性	流動性	総合ランク
4	4	4	B

米ドルに価格が連動する仕組みの仮想通貨

テザー

Tether

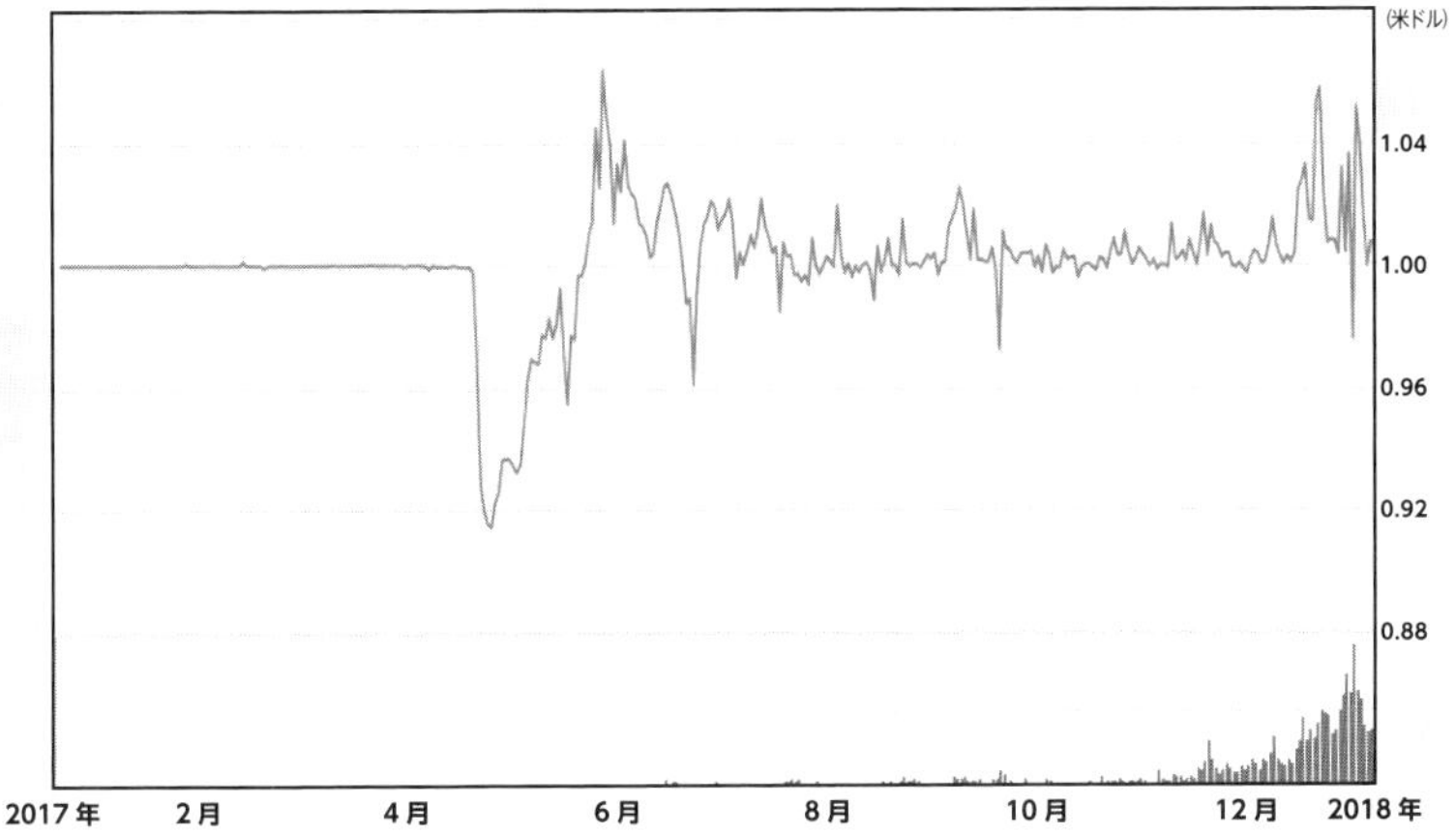

価　格（2017年12月27日現在）　**1USDT＝113.68円**

仮想通貨の概要

Omniという、Counterpartyなどと同様にビットコインのブロックチェーン上に作られている分散型金融プラットフォーム上の有力プロジェクトがTether。USDTはドル価格と連動している。価格が安定しているため、価値を保存したままビットコインのようなクロスボーダーペイメントなどが可能となる。Omni上の分散取引所の中間通貨としても利用可能。

通貨単位	USDT
発行上限	1,218,089,837USDT
時価総額（2017年12月27日現在）	1,384億円

安全性	成長性	流動性	総合ランク
3	3	3	C

分散型のオープン金融プラットフォームCATがウリ

ウェーブス

Waves

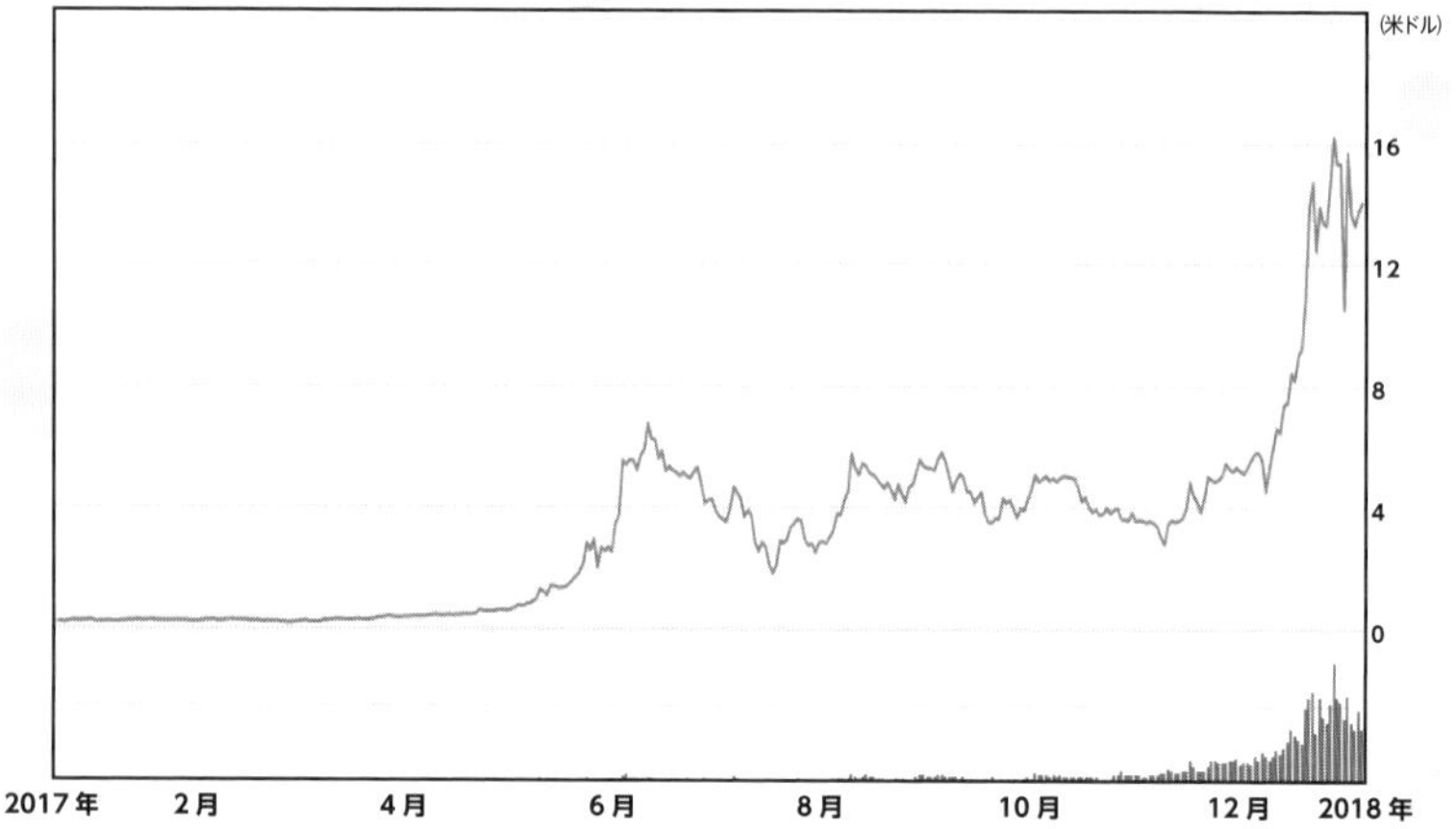

価格
(2017年12月27日現在)
1 WAVES=1,586.0円

仮想通貨の概要

分散型のオープン金融プラットフォーム。カウンターパーティーのように、Wave上で独自のトークンを発行できるCAT（Custom Application Token）とよばれる機能がある（Wave上で独自トークン発行）。誰でも独自トークンが使えるようにと、ウォレットもユーザーフレンドリーという特性ももつ。現状では出来高が少なく、そこまで取引が活発ではない。

通貨単位	WAVES
発行上限	100,000,000WAVES
時価総額 (2017年12月27日現在)	1,586億円

安全性	成長性	流動性	総合ランク
3	3	2	C

ブロックの前後に複数のブロックをつなげられる特徴を持つ

エイチシェア

Hshare

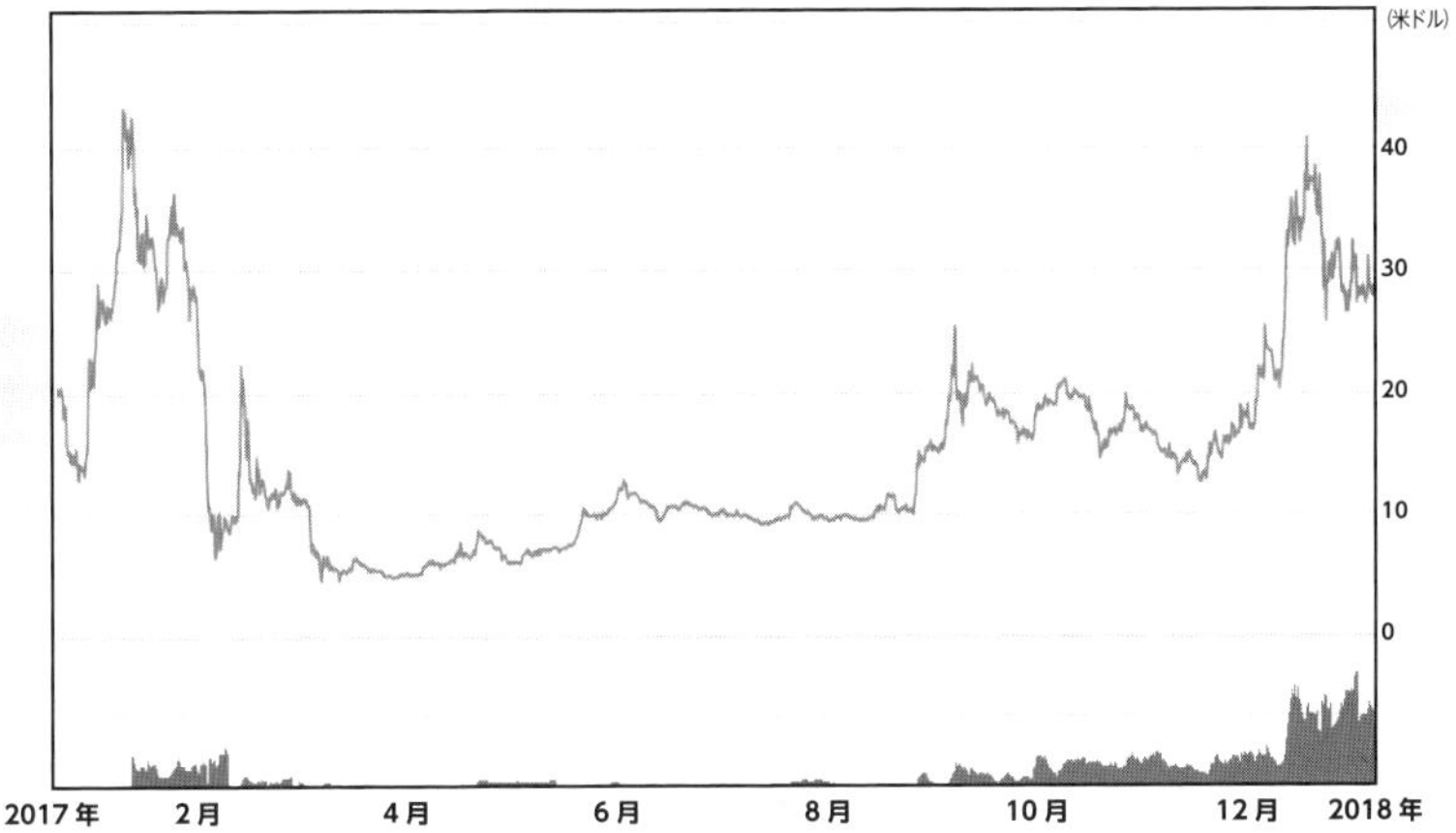

価格(2017年12月27日現在) **1HSR=3,149.7円**

仮想通貨の概要

ブロックチェーンベースおよびブロックチェーンレスベースの両方のブロックチェーンシステムをリンクさせる、サイドチェーンの一種。ビットコインと異なり、DAG（Directed Acyclic Graph）システムという、ブロックの前後に2つも3つもブロックを繋げることが可能な構造が特徴。世界的に見ても取引できる仮想通貨取引所は多くはないが、一定の出来高はある。

通貨単位	HSR
発行上限	84,000,000HSR
時価総額(2017年12月27日現在)	1,336億円

安全性	成長性	流動性	総合ランク
3	3	3	C

機能向上を目指してLiskから分岐して作成された仮想通貨

アーク

Ark

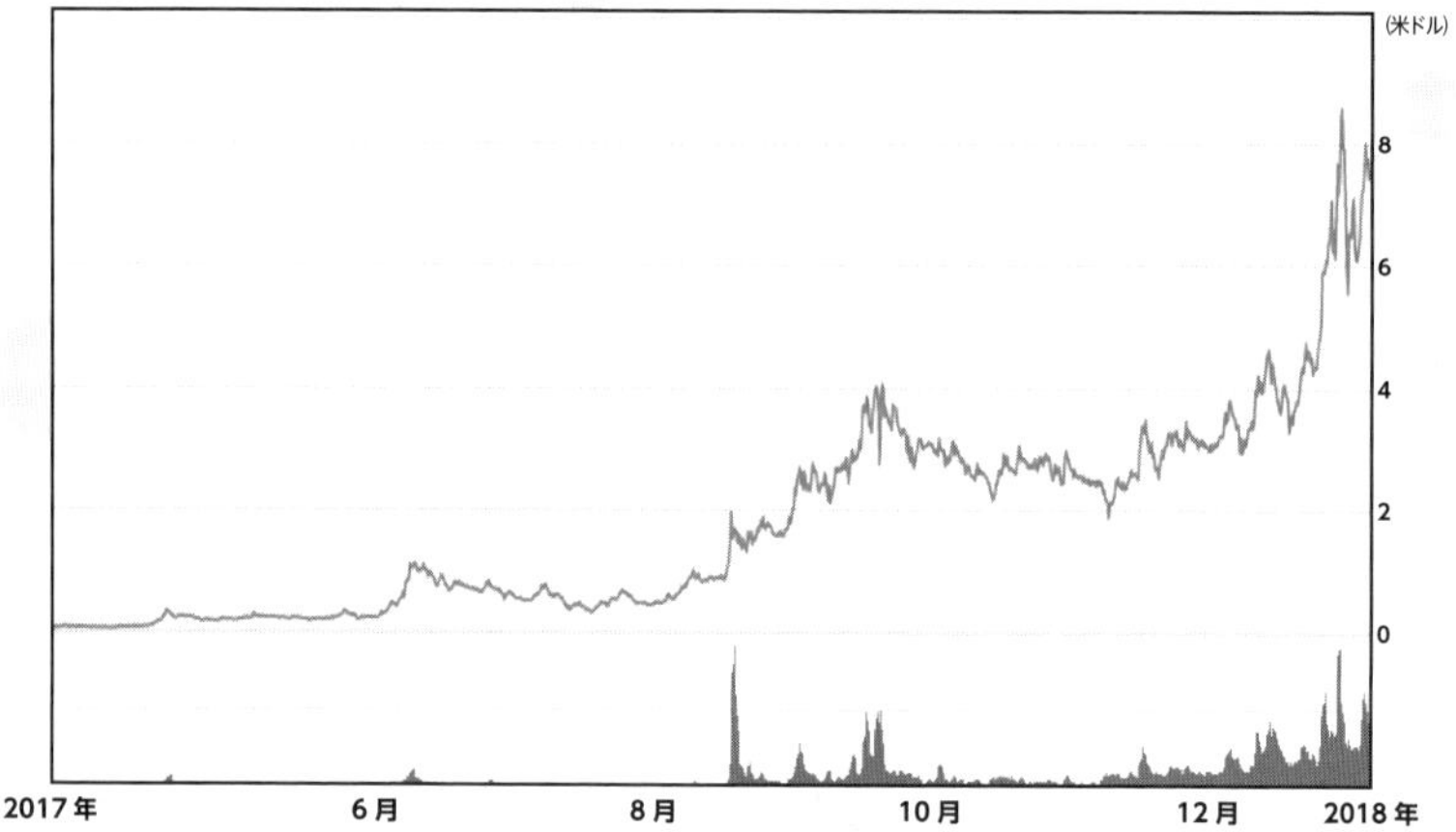

価格（2017年12月27日現在） **1ARK=854.08円**

仮想通貨の概要

Liskの機能向上のためにLiskから分岐して作成されたコイン。分散型アプリケーション作成のためのプラットフォームであるが、他のコンセンサスモデルよりも、より分散化された投票システムを持つ。物理的なカード発行のシステムなどもある。銀行口座を持たない人が送金や身分証として利用できる機能や、異なるブロックチェーンをブリッジするなどの機能が注目される可能性がある。

通貨単位	ARK
発行上限	97,981,284ARK
時価総額（2017年12月27日現在）	836億円

安全性	成長性	流動性	総合ランク
3	3	3	C

金融プラットフォームとしての発展に主眼を置く

ビットシェアズ

Bitshares

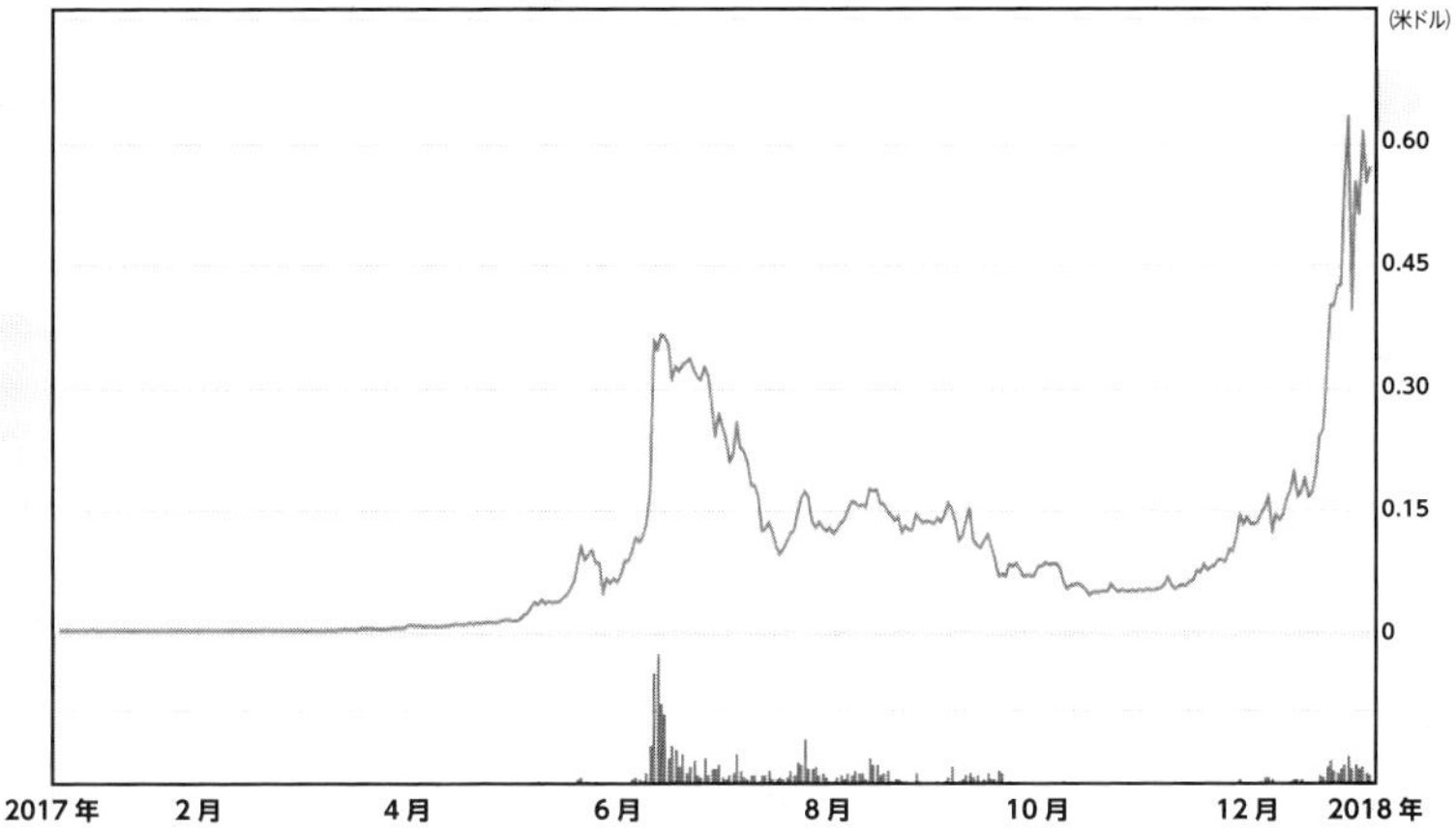

価　格
(2017年12月27日現在)
1BTS=64.30円

仮想通貨の概要

分散型金融プラットフォームとしての発展に主眼を置く仮想通貨。ドルやゴールド、ビットコインなどとペッグしたネットワーク内の金融商品があり、それぞれBitUSD、BitGOLD、BitBTCと呼ばれるコインになっており、BTS価格が変動しても1BitUSDの価格は1ドルで固定される。リップルと似ているが、リップルが借用書のようなものなのに対し、ビットシェアは価値が担保された現物である点が異なる。

通貨単位	BTS
発行上限	2,606,120,000BTS
時価総額 (2017年12月27日現在)	1,675億円

安全性	成長性	流動性	総合ランク
3	4	3	C

匿名性の高さを特徴として押し出した最初のコイン

バイトコイン

ByteCoin

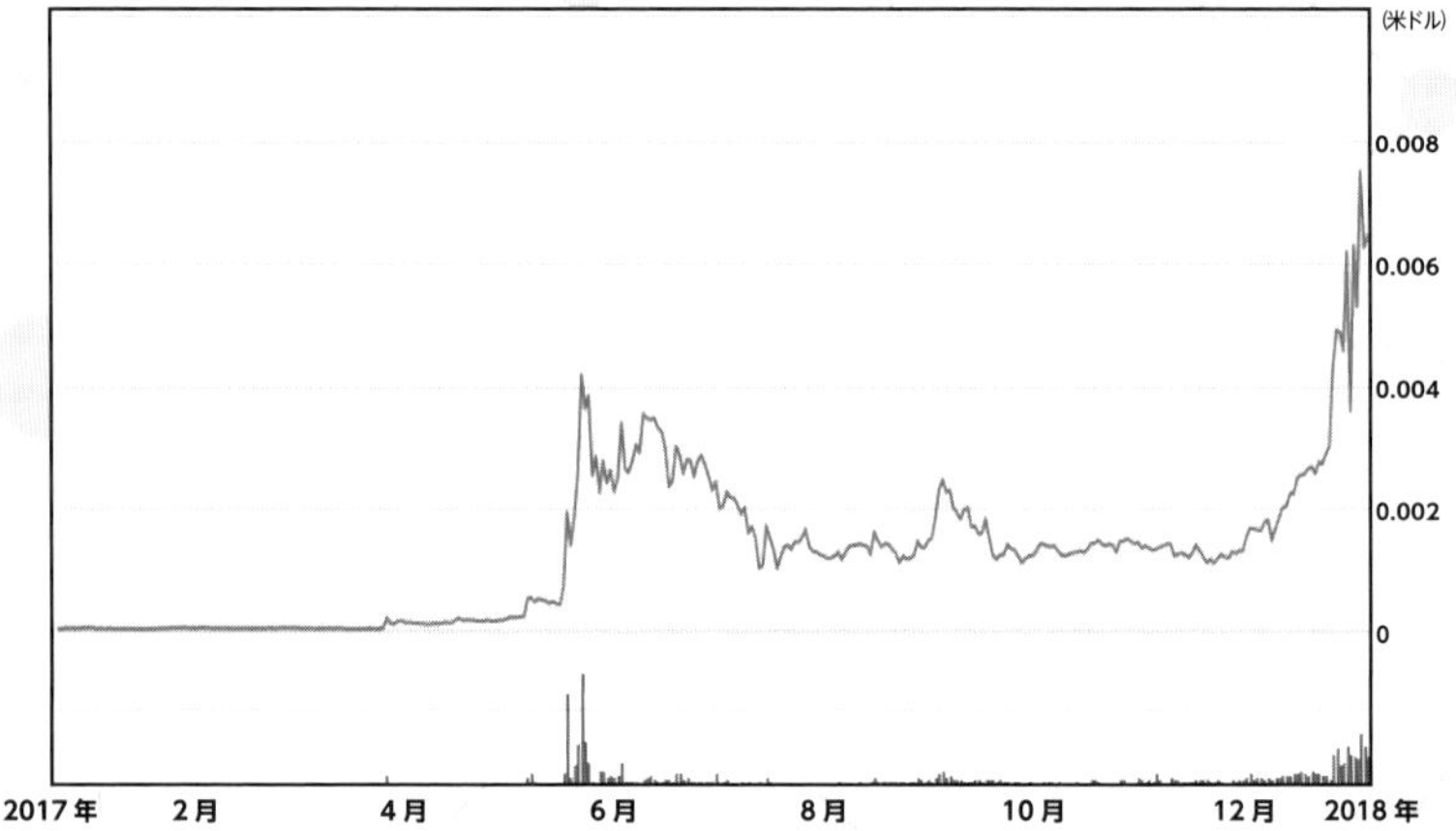

価格（2017年12月27日現在） **1BCN=0.728円**

仮想通貨の概要

2012年7月に公開された匿名性を売りとした最初の仮想通貨。モネロもこのバイトコインをベースにして作成されている。ビットコインと異なり、ネットワーク維持に必要なマイニングも、一般的なパソコンで十分対応できるとされている。

通貨単位	BCN
発行上限	18,447,000,000BCN
時価総額（2017年12月27日現在）	1,334億円

安全性	成長性	流動性	総合ランク
3	4	2	C

投稿したコンテンツのクオリティに対応した報酬として付与

スティーム

Bitcoin

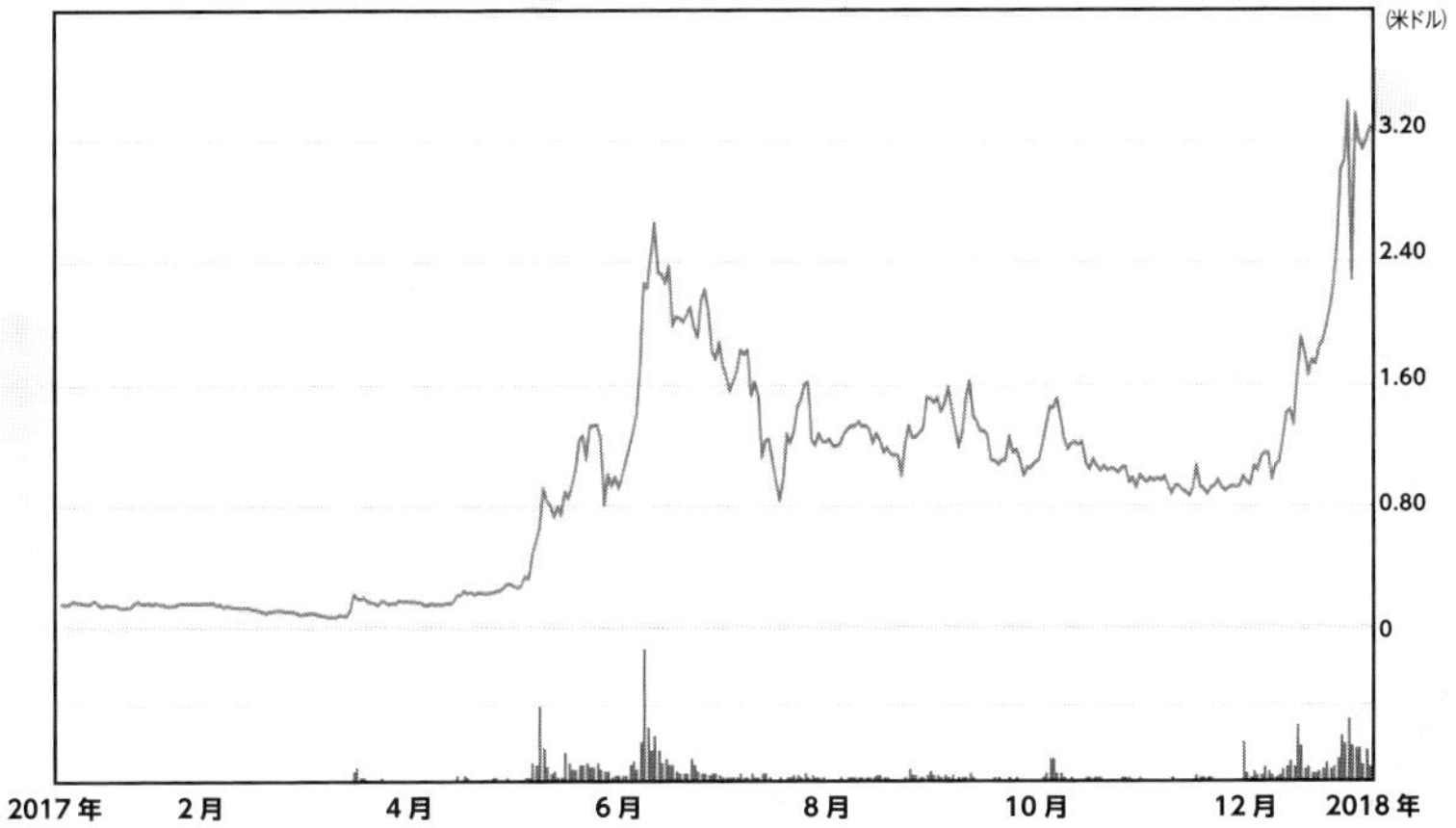

価　格
(2017年12月27日現在)
1STEEM=371.11円

仮想通貨の概要

ブロックチェーンベースの分散型投稿プラットフォーム。コンテンツを投稿した者にはそのクオリティに対応した割合でトークンSTEEMが報酬として付与される。コンテンツを評価したユーザーにも報酬があたる。Bitsharesの創設者が開発するなど注目度が高かったが、コンテンツの値付けの仕組みが機能せず、コンテンツの質によって報酬が決まるという理想をいかにかなえるかが課題になっている。

通貨単位	STEEM
発行上限	246,189,240STEEM
時価総額(2017年12月27日現在)	913億円

安全性	成長性	流動性	総合ランク
3	3	2	C

リップルを元に開発された決済システム

スティーラー

Stellar

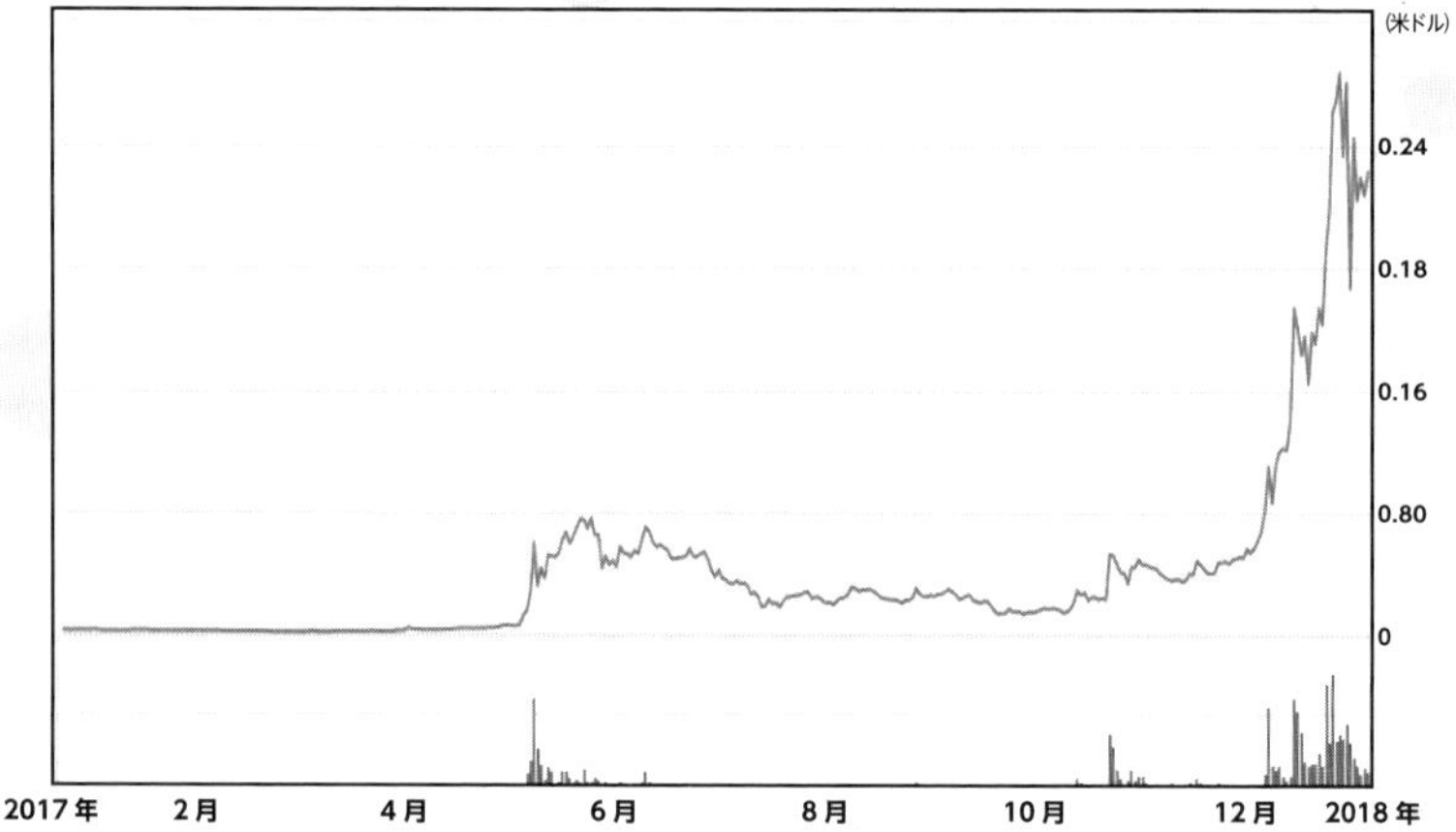

価格（2017年12月27日現在） **1XLM=25.69円**

仮想通貨の概要

リップルを元に開発された決済システム。リップルと似ているが、リップルと異なり発行量に上限がない（1000億XLM発行後は年率1%ずつ増加）。また、リップルは金融機関や企業がターゲットだが、個人をターゲットにするのが特徴。

通貨単位	XLM
発行上限	17,858,982,517XLM
時価総額（2017年12月27日現在）	4,587億円

安全性	成長性	流動性	総合ランク
4	3	2	C

最も成功している仮想通貨のデビットカードプロジェクト

テンエックス

TenX

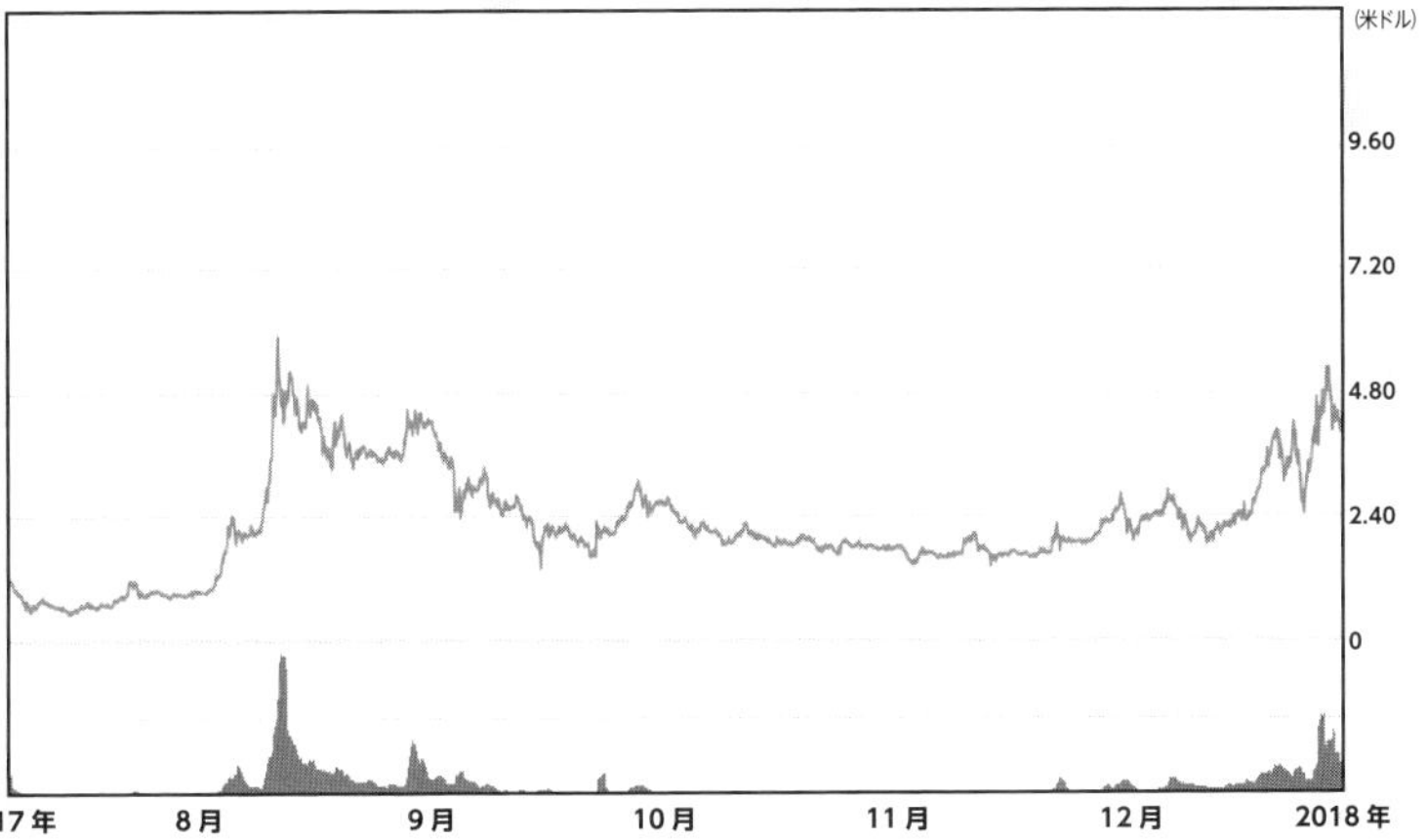

価格（2017年12月27日現在）　**1PAY=454.65円**

仮想通貨の概要

TenXという仮想通貨のデビットカード。wirexのように仮想通貨をチャージするのではなく、ウォレットとカードが紐づいているという仕組み。独自トークンPAYを利用して、Ten xの利用額の0.1%分が還元される。また、全世界での利用額の0.5%をPAY保有者に保有割合に応じてイーサリアムで還元する仕組みもある。

通貨単位	PAY
発行上限	104,661,310PAY
時価総額（2017年12月27日現在）	475億円

安全性	成長性	流動性	総合ランク
2	4	3	B

ICOで約600万ドルを調達しても進展がないのが不安材料

メイドセーフコイン

MadeSafeCoin

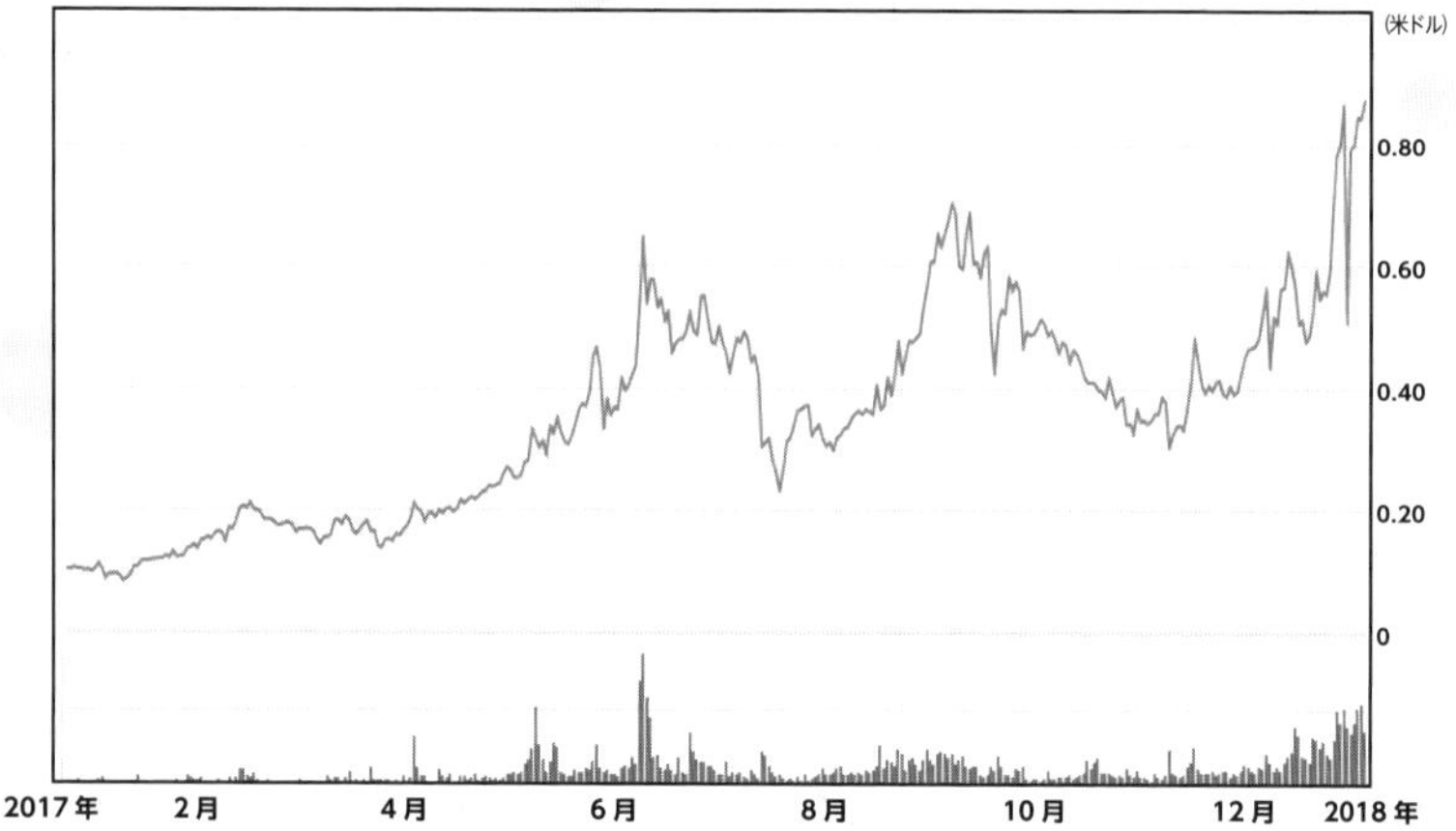

価格
(2017年12月27日現在)
1MAID=98.56円

仮想通貨の概要

分散型インターネットの実現を目指すプロジェクト。データや演算能力などインターネットを通して共有可能なリソースをP2Pで共有できるようにすることで、高速で低コスト、安全なインターネットを実現しようとする壮大な計画。ただし、2014年にICOで約600万ドルを調達しても進展がない状態で、本当にローンチできるのか、プロダクトは公開できるのかなど業界内から疑惑の声が多いプロジェクトだ。

通貨単位	MAID
発行上限	452,552,412MAID
時価総額 (2017年12月27日現在)	446億円

安全性	成長性	流動性	総合ランク
2	4	2	D

わずか18時間で16億円相当超をICOで調達した

イオス

EOS

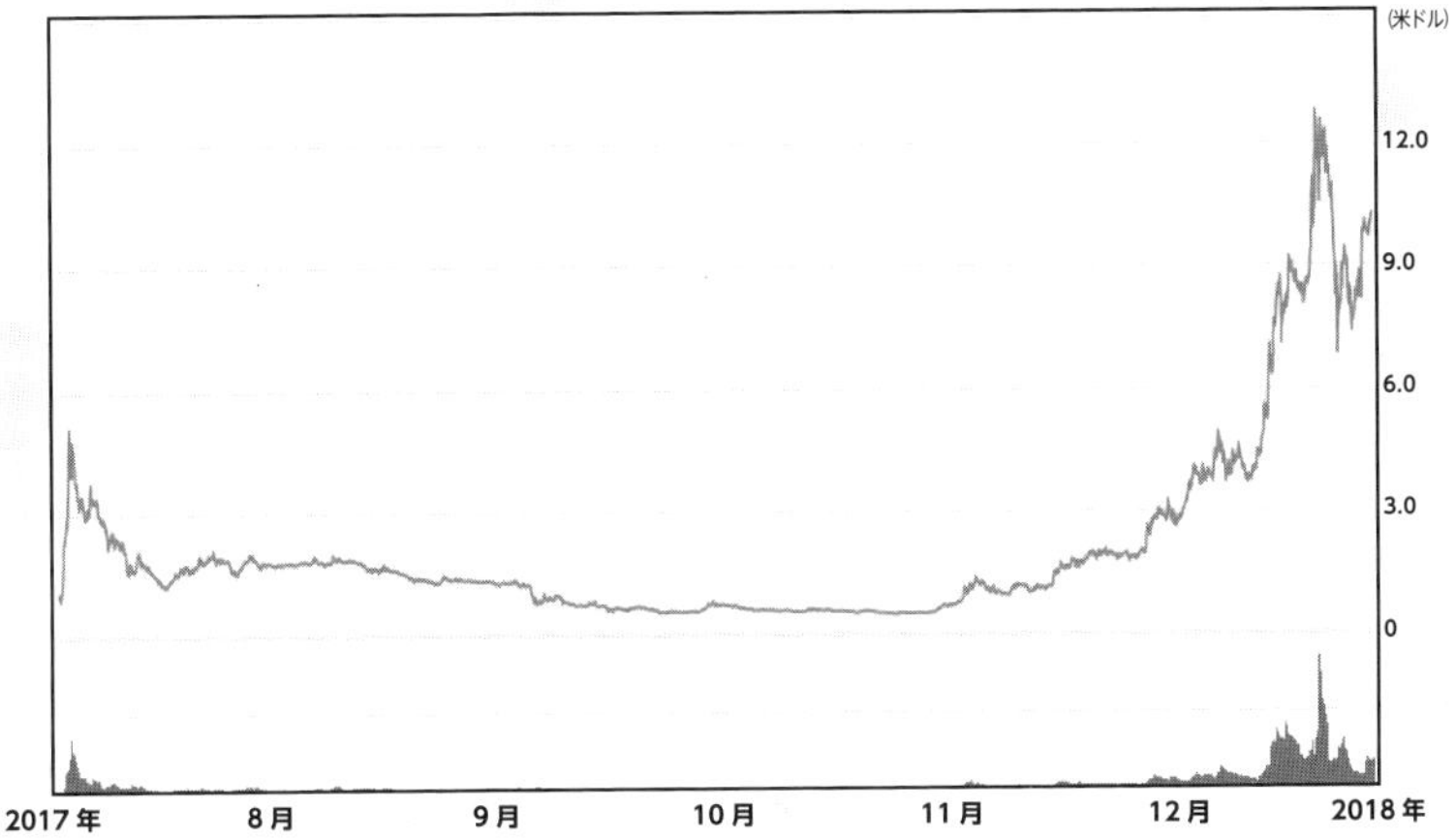

価　格
(2017年12月27日現在)
1EOS=1,155.77円

仮想通貨の概要

Bitshares と Steem の開発者によるプロジェクト。分散型アプリケーションのためのプラットフォームとして、金融だけでなく幅広い用途を想定しており、大企業間で広く使用されることを目標としている。スケーラビリティが驚くほど大きいことが特徴。BitShares と同様、DPOS によるプラットフォーム。

通貨単位	EOS
発行上限	565,138,714EOS
時価総額 (2017年12月27日現在)	6,531億円

安全性	成長性	流動性	総合ランク
3	3	3	D

未来の結果に投票して予想ができた人に報酬として配当する

オーガー

Augur

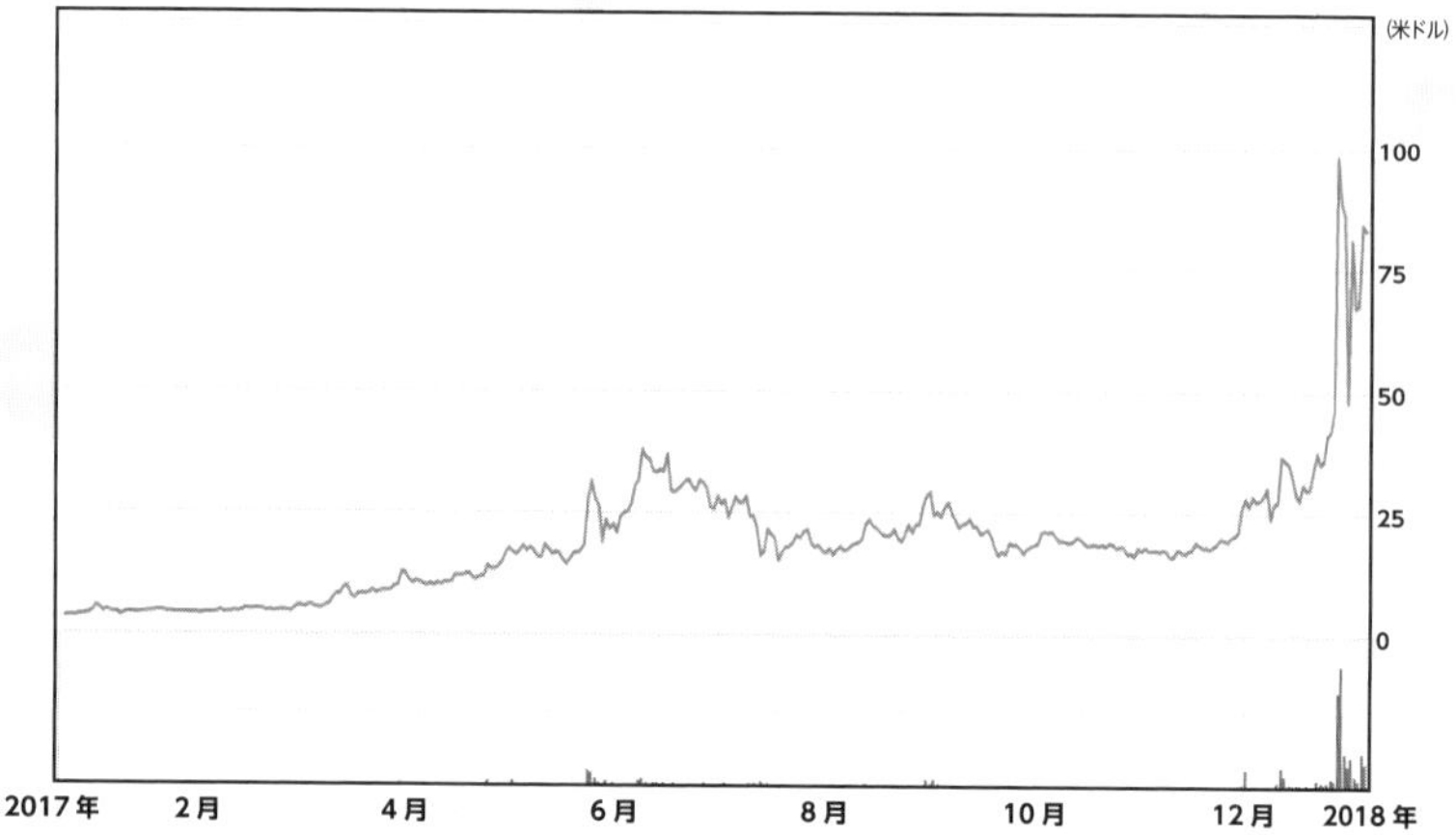

価格 (2017年12月27日現在) **1REP=9,403.9円**

仮想通貨の概要

イーサリアムのプロジェクトの一つで、ユーザーが予測市場へ参加するためのプロジェクト。たとえば、未来の天気やスポーツ試合などの結果を投票して、正しい予想ができた人に報酬としてトークンREPが配当される。結果の判定や報酬の分配などすべてが分散スマートコントラクトで行われることで、公平性が保たれる仕組み。

通貨単位	REP
発行上限	11,000,000REP
時価総額 (2017年12月27日現在)	1,034億円

安全性	成長性	流動性	総合ランク
3	3	3	C

イーサリアムをベースとして作成された分散型アプリケーション

ゴレム

Golem

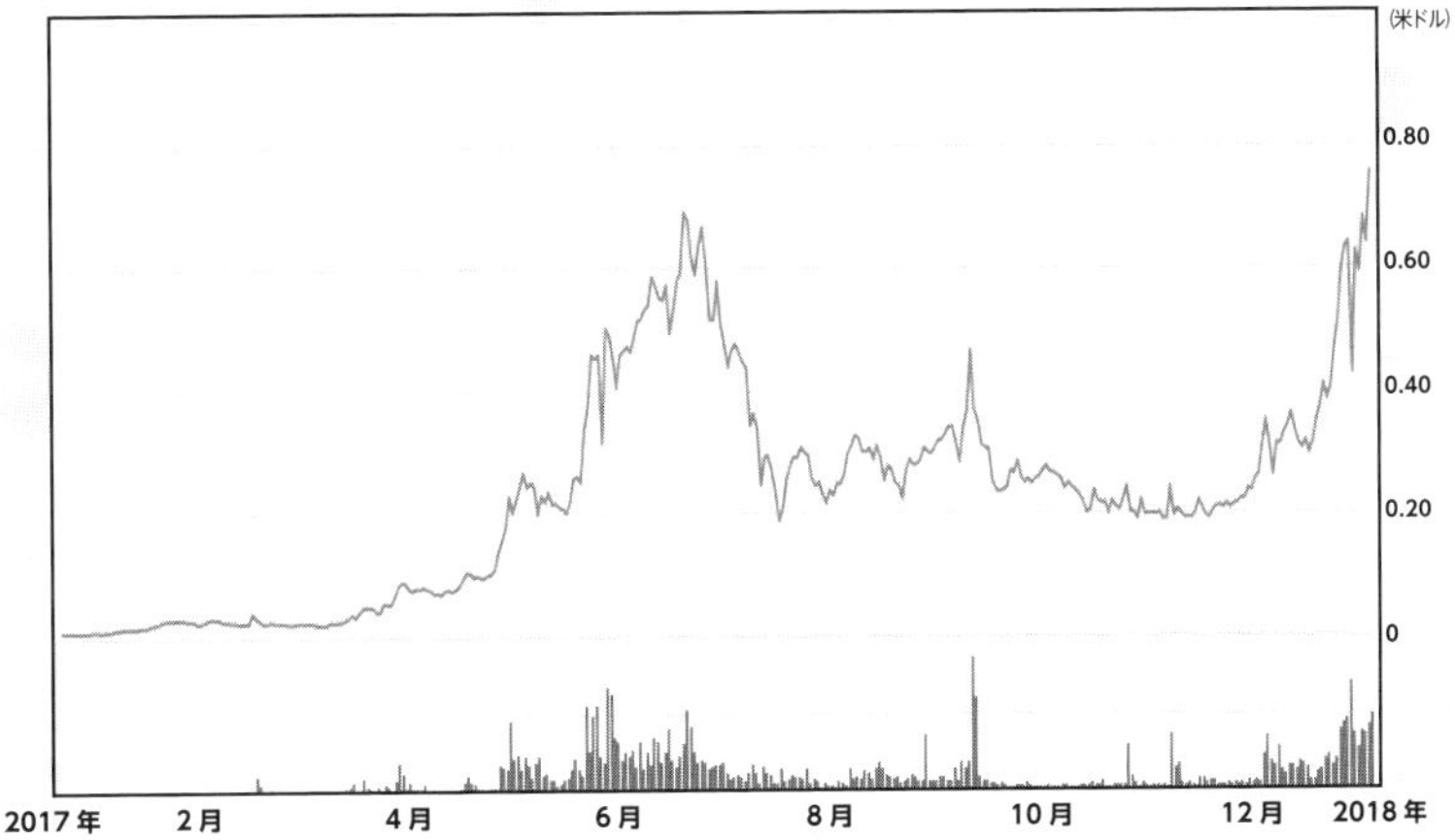

価　格
(2017年12月27日現在)
1GNT=85.32円

仮想通貨の概要

イーサリアムをベースとして作成された分散型アプリケーションの一つ。コンピュータリソースを共有し合う個人間の分散型コンピューティングネットワークを行うことを目指すプロジェクト。ネットワーク内で、使っていないパソコンのパワーをトークンを媒介して売買することで一つのパソコンでは不可能な処理を分散して行えるようにするというもの。

通貨単位	GNT
発行上限	834,262,000GNT
時価総額 (2017年12月27日現在)	711億円

安全性	成長性	流動性	総合ランク
3	3	3	C

「2ちゃんねる」から生まれた日本発・日本初の仮想通貨

モナコイン

MonaCoin

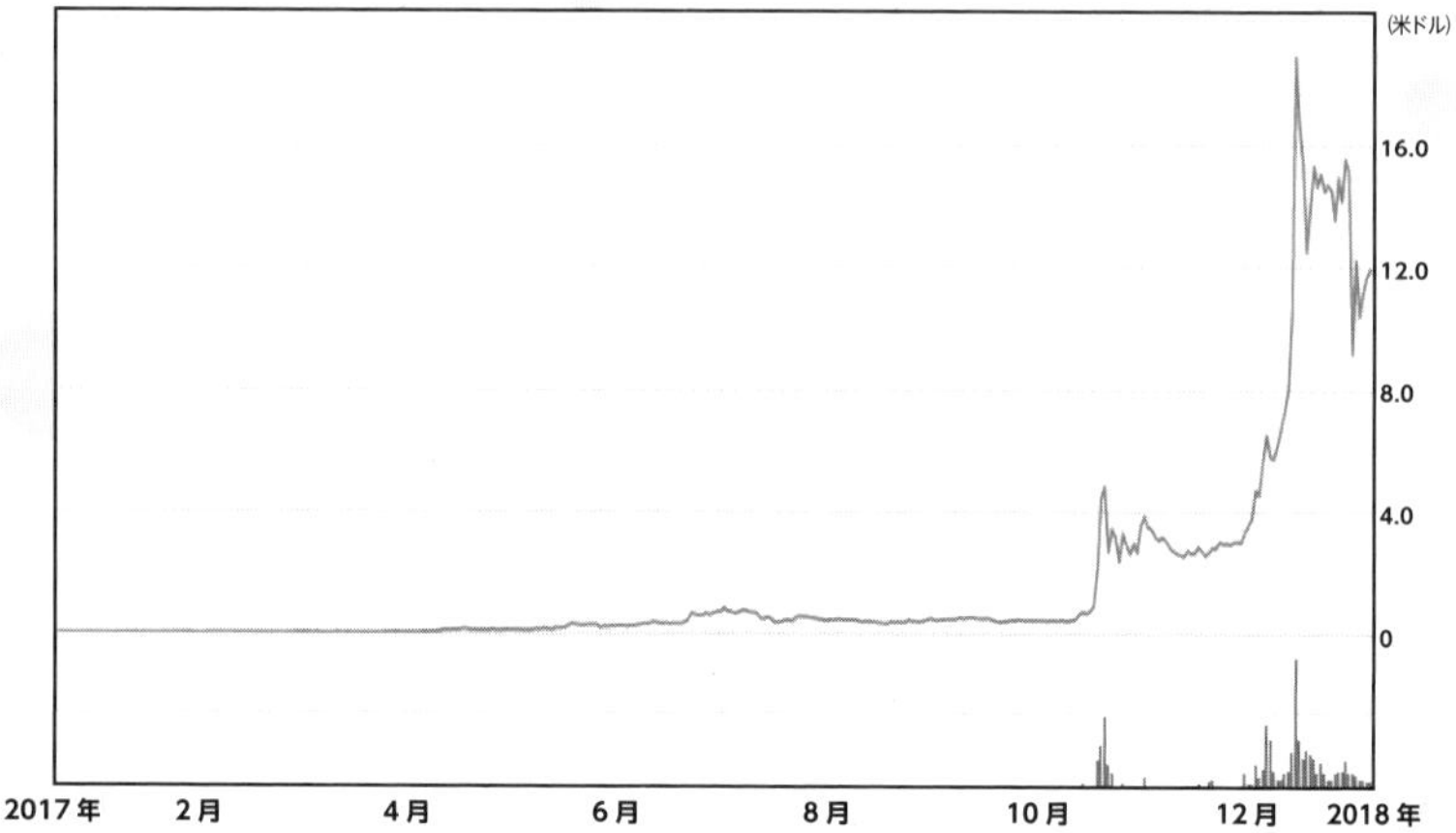

価　格
(2017年12月27日現在)

1MONA=1,348.6円

仮想通貨の概要

掲示板サイト「2ちゃんねる（現5ちゃんねる）」で有名なアスキーアート『モナー』をモチーフにした、日本発・日本初の仮想通貨。ライトコインをベースに開発されたが、世界で初めて取引処理能力（スケーラビリティ）を向上させるためにSegWitを採用するなど独自の進化を遂げている。なお、東京・秋葉原では、パソコンショップなどでモナコイン決済に対応した実店舗がある。

通貨単位	MONA
発行上限	105,120,000MONA
時価総額 (2017年12月27日現在)	759億円

安全性	成長性	流動性	総合ランク
4	4	3	B

個人情報の漏洩リスクが低いのが特徴

ファクトム

Factom

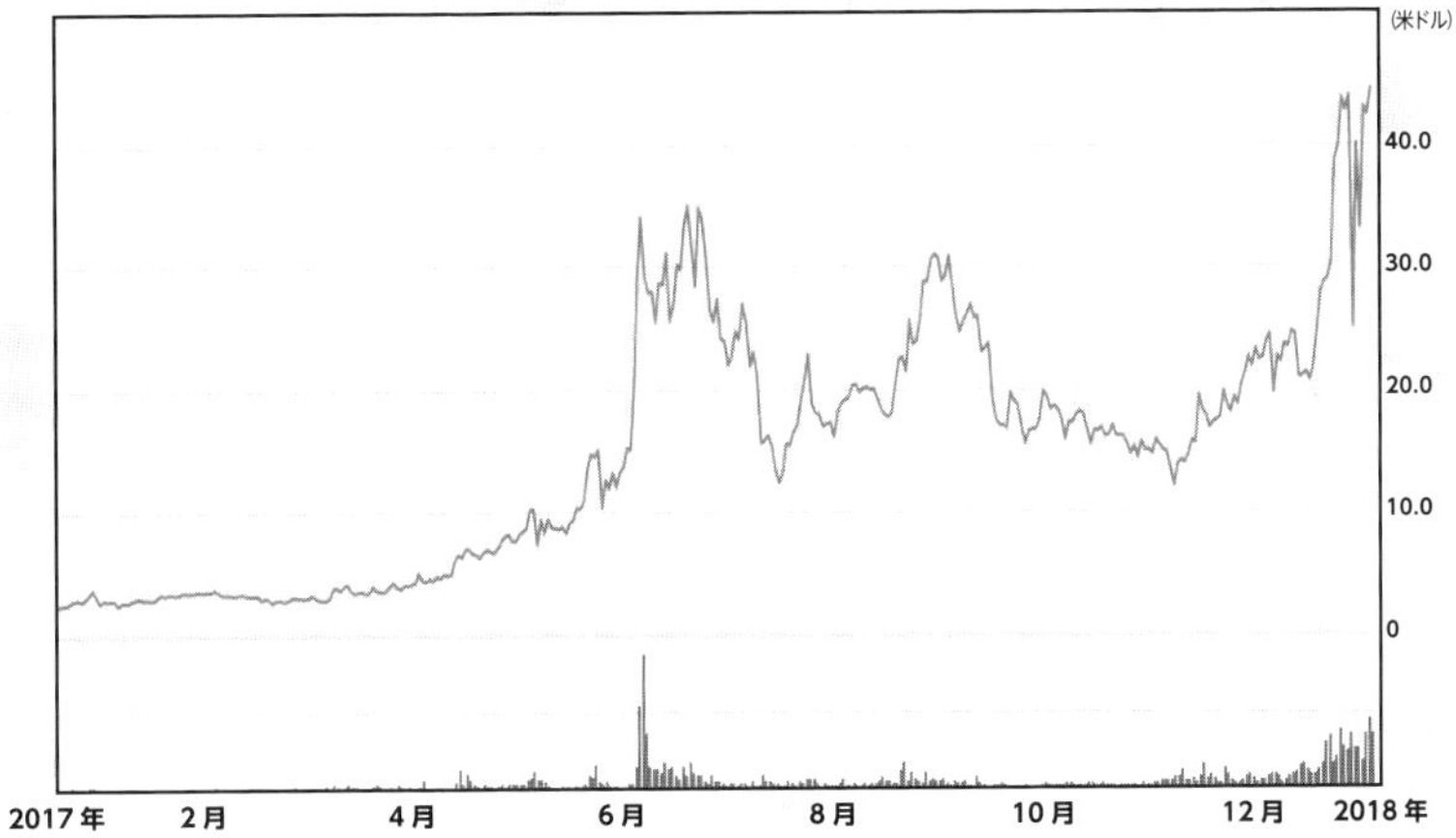

価　格（2017年12月27日現在） **1FCT=5,055.1円**

仮想通貨の概要

改ざん不可能な電子記録を作成・維持・管理するためのプラットフォーム。特定の事実（登記簿登記や印鑑証明など）を証明する目的で作成され、分散型公証システムとも呼ばれる。1兆ドルにも達する米国住宅ローン市場のデータ管理にファクトムのブロックチェーン技術の導入が決まっている。

通貨単位	FCT
発行上限	8,745,102FCT
時価総額（2017年12月27日現在）	442億円

安全性	成長性	流動性	総合ランク
5	4	4	B

2 ホワイトリストとフィスコグループ発行の3トークン

今後、市場の関心が高まりそうなフィスコグループ発行の3トークン

金融庁が登録した仮想通貨交換業業者が扱う仮想通貨のことを「ホワイトリスト」といいます。この名称は正式名称ではなく、金融庁がその仮想通貨の価値を保証、推奨するものではなく必ずしも裏付けとなる資産を持つものではありません。仮想通貨交換業者の説明に基づき、資金決済法上の定義に該当することを確認したものです。ただ、仮想通貨交換業者は金融庁・財務局への登録が必要となりますので、いずれ国内で売買できる仮想通貨はこのホワイトリストに入っているコインに限定されることとなります。

・ホワイトリストに掲載されたコイン【2018年1月10日現在】

ビットコイン（BTC）／イーサリアム（ETH）／リップル（XRP）／ビットコインキャッ

シュ（BCH）／ライトコイン（LTC）／NEM（XEM）／イーサリアムクラシック（ETC）／モナコイン（MONA）／ビットクリスタル（BCY）／キャッシュ（QASH）／ぺぺキャッシュ（PEPECASH）／カウンターパーティー（XCP）／コムサ（CMS）／ザイフ（ZAIF）／フィスココイン（FSCC）／カイカコイン（CICC）／ネクスコイン（NCXC）／ゼン（ZEN）

このホワイトリストには、フィスコグループが発行したフィスココイン、カイカコイン、ネクスコイン（以下、3トークン）も含まれています。トークンとは、ビットコインの基幹技術にも用いられるブロックチェーン技術を用いた分散型台帳上の記録です。トークンの一種である3トークンは、ブロックチェーン上にその総量、各人の保有比率、譲渡などの履歴情報がすべて記録管理されています。フィスコグループでは、これら3トークンを各社の商材（財・サービス）と交換できる特設ウェブページを開設したほか、企業ファイナンスに利用するなど仮想通貨を用いた金融サービス「トークンファイナンス」の研究開発を加速する予定です。

なお、これら3トークンは、２０１７年にこれ以上新しく発行しない手続きをとりました。つまり、株式でいう希薄化が発生しないので需給面が良好なほか、日々売買が行われており流動性もしっかりしています。現在、フィスコ仮想通貨取引所やテックビューロが運営するＺａｉｆ《ザイフ》で売買が可能ですが、今後、ホワイトリスト通貨として市場の関心が高まりそうです。

おわりに

本書を最後までご覧いただきまして御礼申し上げます。

２０１７年は、ビットコインをはじめ仮想通貨に関心が高まる年となりました。「仮想通貨投資元年」とも表現された２０１７年が終わり、２０１８年がスタートしたタイミングで、２０１７年春に出版した『フィスコ仮想通貨取引所で始める「ビットコイン取引」超入門』に次ぐビットコイン投資本第２弾の出版となりました。

本書では、実際の投資手法を読者に紹介することができ、かなり満足のいく仕上がりになったと思います。実際に投資する際、状況に応じた判断が必要になりますが、仮想通貨のベーシックな投資法はお伝えできたと自負しております。

本書でも記していますが、仮想通貨市場は２０１８年も拡大を続けていくでしょう。２０１７年は、最大の時価総額を誇るビットコインに、投資家、メディアの関心が向かいました。知名度などを考えると当然ですが、本書でもお伝えしたとおり、上昇率でビットコインを上回る仮想通貨は山ほど存在します。

2018年は、第2のビットコインを探すような動きを強めることでしょう。実際、2017年末に急騰したリップルが時価総額ランキングでイーサリアムを上回るなど、時価総額ランキング上位のアルトコインも動意付く場面が多々見られるはずです。

アルトコイン投資をする際、本書の第5章をぜひご参照ください。基本的な項目を記していますので、こちらの図鑑でアルトコインの基本事項をおさえ、気になったアルトコインの値動きをチャートなどで確認したり、直近の情報などをチェックしてみてください。

まだまだ仮想通貨市場は、成熟に程遠い成長段階の市場です。

ハイリスク・ハイリターンの投資ではありますが、既存の金融サービスを上回る利便性などにスポットが当たり、徐々に成熟市場に近づくと考えています。投機的な側面に警鐘が鳴らされていますが、投資資金の管理をきちんと押さえておけば、2018年もダイナミックな投資を展開できることでしょう。

本書が投資家の皆様のお役に少しでも立てればと祈念しております。

2018年新春

フィスコデジタルアセットグループ代表取締役
ビットコインアナリスト
田代昌之

【著者紹介】
田代昌之（たしろ・まさゆき）
フィスコデジタルアセットグループ代表取締役。北海道出身。中央大学文学部史学科日本史学科卒業。新光証券 (現みずほ証券)、シティバンクなどを経てフィスコに入社。先物・オプション、現物株、全体相場や指数の動向を分析する。2017年から現職。好きな言葉は「政策と需給」。ボラティリティに関する論文でIFTA国際検定テクニカルアナリスト３次資格（MFTA）を取得。クイック、ブルームバーグなど各ベンダーへの情報提供のほか、YAHOO! ファイナンスなどへもコメントを提供。日経 CNBC で定期的にコメンテーターを務めるほか、ラジオ NIKKEI ではゲスト解説のほかキャスター業務を務める。経済誌への寄稿も多数。

装幀／植田 薫
編集・執筆／有限会社バウンド
本文デザイン／ウダガワデザイン室
編集協力／フィスコ仮想通貨取引所

プロはこうやって儲《もう》ける!
ビットコイン相場《そうば》の読《よ》み方《かた》

2018年2月9日　初版第1刷発行

著　者 …………………… 田代昌之
発行者 …………………… 岩野裕一
発行所 …………………… 株式会社実業之日本社
〒153-0044　東京都目黒区大橋1-5-1 クロスエアタワー8F
電話（編集）03-6809-0452
（販売）03-6809-0495
実業之日本社のホームページ　http://www.j-n.co.jp/
印刷・製本 ……………… 大日本印刷株式会社

ISBN978-4-408-33755-5（第一経済）